Annette von Droste-Hülshoff gehört bis heute zu den beliebtesten und meistgelesenen deutschen Dichterinnen. Ihre Werke sind von einer schillernden Bildhaftigkeit und großer Ausdrucksstärke. Die vorliegende Auswahl präsentiert die schönsten und bedeutendsten Gedichte aus dem Werk der »größten Dichterin Deutschlands« (Ricarda Huch).

Annette von Droste-Hülshoff wurde am 10. Januar 1797 auf Schloß Hülshoff bei Münster geboren. Sie stand in engem Kontakt zu den großen Literaten und Intellektuellen ihrer Zeit wie Johanna und Adele Schopenhauer, August Wilhelm Schlegel oder den Brüdern Grimm. Die Dichterin schuf mit Balladen wie *Der Knabe im Moor* oder ihrer Novelle *Die Judenbuche* Meisterwerke der deutschen Literatur. Sie starb am 24. Mai 1848 auf Schloß Meersburg am Bodensee.

insel taschenbuch 4525
Annette von Droste-Hülshoff
Die schönsten Gedichte

ANNETTE VON
DROSTE-HÜLSHOFF

Die schönsten Gedichte

Ausgewählt von Werner Fritsch

Insel Verlag

Umschlagfoto: Bridge/mauritius images

2. Auflage 2014

Erste Auflage 2012
insel taschenbuch 4525
Originalausgabe
© Insel Verlag Berlin 2012
Alle Rechte vorbehalten,
insbesondere das der Übersetzung, des öffentlichen Vortrags
sowie der Übertragung durch Rundfunk und Fernsehen,
auch einzelner Teile.
Kein Teil des Werkes darf in irgendeiner Form
(durch Fotografie, Mikrofilm oder andere Verfahren)
ohne schriftliche Genehmigung des Verlages reproduziert
oder unter Verwendung elektronischer Systeme verarbeitet,
vervielfältigt oder verbreitet werden.
Vertrieb durch den Suhrkamp Taschenbuch Verlag
Umschlag: bürosüd
Satz: Satz-Offizin Hümmer GmbH, Waldbüttelbrunn
Druck: CPI – Ebner & Spiegel, Ulm
Printed in Germany
ISBN 978-3-458-36225-8

DIE SCHÖNSTEN GEDICHTE

VOR VIERZIG JAHREN

Da gab es doch ein Sehnen,
Ein Hoffen und ein Glühn,
Als noch der Mond »durch Tränen
In Fliederlauben« schien,
Als man dem »milden Sterne«
Gesellte, was da lieb,
Und »Lieder in die Ferne«
Auf sieben Meilen schrieb!

Ob dürftig das Erkennen,
Der Dichtung Flamme schwach,
Nur tief und tiefer brennen
Verdeckte Gluten nach.
Da lachte nicht der leere,
Der übersatte Spott,
Man baute die Altäre
Dem unbekannten Gott.

Und drüber man den Brodem
Des liebsten Weihrauchs trug,
Lebend'gen Herzens Odem,
Das frisch und kräftig schlug,
Das schamhaft, wie im Tode,
In Traumes Wundersarg
Noch der Begeistrung Ode,
Der Lieb' Ekloge barg.

Wir höhnen oft und lachen
Der kaum vergangnen Zeit,

Und in der Wüste machen
Wie Strauße wir uns breit.
Ist Wissen denn Besitzen?
Ist denn Genießen Glück?
Auch Eises Gletscher blitzen
Und Basiliskenblick.

Ihr Greise, die gesunken
Wie Kinder in die Gruft,
Im letzten Hauche trunken
Von Lieb' und Ätherduft,
Ihr habt am Lebensbaume
Die reinste Frucht gepflegt,
In karger Spannen Raume
Ein Eden euch gehegt.

Nun aber sind die Zeiten,
Die überwerten, da,
Wo offen alle Weiten
Und jede Ferne nah.
Wir wühlen in den Schätzen,
Wir schmettern in den Kampf,
Windsbräuten gleich versetzen
Uns Geistesflug und Dampf.

Mit unsres Spottes Gerten
Zerhaun wir, was nicht Stahl,
Und wie Morganas Gärten
Zerrinnt das Ideal;
Was wir daheim gelassen,
Das wird uns arm und klein;

Was Fremdes wir erfassen,
Wird in der Hand zu Stein.

Es wogt von End' zu Ende,
Es grüßt im Fluge her,
Wir reichen unsre Hände,
– Sie bleiben kalt und leer. –
Nichts liebend, achtend Wen'ge,
Wird Herz und Wange bleich,
Und bettelhafte Kön'ge
Stehn wir im Steppenreich.

DIE LERCHE

Hörst du der Nacht gespornten Wächter nicht?
Sein Schrei verzittert mit dem Dämmerlicht,
Und schlummertrunken hebt aus Purpurdecken
Ihr Haupt die Sonne; in das Ätherbecken
Taucht sie die Stirn; man sieht es nicht genau,
Ob Licht sie zünde, oder trink' im Blau.
Glührote Pfeile zucken auf und nieder
Und wecken Taues Blitze, wenn im Flug
Sie streifen durch der Heide braunen Zug.
Da schüttelt auch die Lerche ihr Gefieder,
Des Tages Herold seine Liverei;
Ihr Köpfchen streckt sie aus dem Ginster scheu,
Blinzt nun mit diesem, nun mit jenem Aug';
Dann leise schwankt, es spaltet sich der Strauch,
Und wirbelnd des Mandates erste Note
Schießt in das feuchte Blau des Tages Bote.

»Auf! auf! die junge Fürstin ist erwacht!
Schlaftrunkne Kämm'rer, habt des Amtes acht;
Du mit dem Saphirbecken Genziane,
Zwergweide du mit deiner Seidenfahne,
Das Amt, das Amt, ihr Blumen allzumal,
Die Fürstin wacht, bald tritt sie in den Saal!«

Da regen tausend Wimpern sich zugleich,
Maßliebchen hält das klare Auge offen,
Die Wasserlilie sieht ein wenig bleich,
Erschrocken, daß im Bade sie betroffen;
Wie steht der Zitterhalm verschämt und zage!
Die kleine Weide pudert sich geschwind
Und reicht dem West ihr Seidentüchlein lind,
Daß zu der Hoheit Händen er es trage.
Ehrfürchtig beut den tauigen Pokal
Das Genzian, und nieder langt der Strahl;
Prinz von Geblüte, hat die erste Stätte
Er, immer dienend an der Fürstin Bette.

Der Purpur lischt gemach im Rosenlicht,
Am Horizont ein zuckend Leuchten bricht
Des Vorhangs Falten, und aufs neue singt
Die Lerche, daß es durch den Äther klingt:

»Die Fürstin kömmt, die Fürstin steht am Tor!
Frischauf, ihr Musikanten in den Hallen,
Laßt euer zartes Saitenspiel erschallen,
Und, florbeflügelt Volk, hebt an den Chor.
Die Fürstin kommt, die Fürstin steht am Tor!«

Da krimmelt, wimmelt es im Heidgezweige,
Die Grille dreht geschwind das Beinchen um,
Streicht an des Taues Kolophonium
Und spielt so schäferlich die Liebesgeige.
Ein tüchtiger Hornist, der Käfer, schnurrt,
Die Mücke schleift behend die Silberschwingen,
Daß heller der Triangel möge klingen;
Diskant und auch Tenor die Fliege surrt;
Und, immer mehrend ihren werten Gurt,
Die reiche Katze um des Leibes Mitten,
Ist als Bassist die Biene eingeschritten;
Schwerfällig hockend in der Blüte rummeln
Das Kontraviolon die trägen Hummeln. –

So tausendarmig ward noch nie gebaut
Des Münsters Halle, wie im Heidekraut
Gewölbe an Gewölben sich erschließen,
Gleich Labyrinthen ineinander schießen;
So tausendstimmig stieg noch nie ein Chor,
Wie's musiziert aus grünem Heid hervor.

Jetzt sitzt die Königin auf ihrem Throne,
Die Silberwolke Teppich ihrem Fuß,
Am Haupte flammt und quillt die Strahlenkrone,
Und lauter, lauter schallt des Herolds Gruß:

»Bergleute auf! Heraus aus eurem Schacht
Bringt eure Schätze, und du Fabrikant,
Breit' vor der Fürstin des Gewandes Pracht,
Kaufherrn, enthüllt den Saphir, den Demant!«

Schau, wie es wimmelt aus der Erde Schoß,
Wie sich die schwarzen Knappen drängen, streifen,
Und mühsam stemmend aus den Stollen schleifen
Gewalt'ge Stufen, wie der Träger groß;
Ameisenvolk, du machst es dir zu schwer!
Dein roh Gestein lockt keiner Fürstin Gnaden.
Doch sieh die Spinne, rutschend hin und her,
Schon zieht sie des Gewebes letzten Faden,
Wie Perlen klar, ein duftig Elfenkleid;
Viel edle Funken sind darin entglommen;
Da kommt der Wind und häkelt es vom Heid,
Es steigt, es flattert, und es ist verschwommen. –

Die Wolke dehnte sich, scharf strich der Hauch,
Die Lerche schwieg, und sank zum Ginsterstrauch.

DIE JAGD

Die Luft hat schlafen sich gelegt,
Behaglich in das Moos gestreckt;
Kein Rispeln, das die Kräuter regt,
Kein Seufzer, der die Halme weckt.
Nur eine Wolke träumt mitunter
Am blassen Horizont hinunter,
Dort, wo das Tannicht überm Wall
Die dunkeln Kandelaber streckt.

Da horch, ein Ruf, ein ferner Schall:
»Hallo! hoho!« so lang gezogen,
Man meint, die Klänge schlagen Wogen

Im Ginsterfeld, und wieder dort:
»Hallo! hoho!« – am Dickicht fort
Ein zögernd Echo, – alles still!
Man hört der Fliege Angstgeschrill
Im Mettennetz, den Fall der Beere,
Man hört im Kraut des Käfers Gang,
Und dann wie zieh'nder Kranichheere
Kling klang! von ihrer luft'gen Fähre,
Wie ferner Unkenruf: Kling! klang!
Ein Läuten das Gewäld entlang –
Hui schlüpft der Fuchs den Wall hinab –
Er gleitet durch die Binsenspeere,
Und zuckelt fürder seinen Trab:
Und aus dem Dickicht, weiß wie Flocken,
Nach stäuben die lebend'gen Glocken,
Radschlagend an des Dammes Hang;
Wie Aale schnellen sie vom Grund,
Und weiter, weiter, Fuchs und Hund. –

Der schwankende Wachholder flüstert,
Die Binse rauscht, die Heide knistert,
Und stäubt Phalänen um die Meute.
Sie jappen, klaffen nach der Beute,
Schaumflocken sprühn aus Nas' und Mund.
Noch hat der Fuchs die rechte Weite,
Gelassen trabt er, schleppt den Schweif,
Zieht in dem Taue dunklen Streif
Und zeigt verächtlich seine Socken.
Doch bald hebt er die Lunte frisch,
Und, wie im Weiher schnellt der Fisch,
Fort setzt er über Kraut und Schmelen,

Wirft mit den Läufen Kies und Staub;
Die Meute mit geschwollnen Kehlen
Ihm nach, wie rasselnd Winterlaub.
Man höret ihre Kiefern knacken,
Wenn fletschend in die Luft sie hacken;
In weitem Kreise so zum Tann,
Und wieder aus dem Dickicht dann
Ertönt das Glockenspiel der Bracken.

Was bricht dort im Gesträuppe am Revier?
Im holprichten Galopp stampft es den Grund;
Ha! brüllend Herdenvieh! voran der Stier,
Und ihnen nach klafft ein versprengter Hund.
Schwerfällig poltern sie das Feld entlang,
Das Horn gesenkt, wagrecht des Schweifes Strang,
Und taumeln noch ein paarmal in die Runde,
Eh Posto wird gefaßt im Heidegrunde.
Nun endlich stehn sie, murren noch zurück,
Das Dickicht messend mit verglastem Blick,
Dann sinkt das Haupt, und unter ihrem Zahne
Ein leises Rupfen knirrt im Thymiane;
Unwillig schnauben sie den gelben Rauch,
Das Euter streifend am Wachholderstrauch,
Und peitschen mit dem Schweife in die Wolke
Von summendem Gewürm und Fliegenvolke.
So, langsam schüttelnd den gefüllten Bauch
Fort grasen sie bis zu dem Heidekolke.

Ein Schuß: »Hallo!« – ein zweiter Schuß: »Hoho!«
Die Herde stutzt, des Kolkes Spiegel kraust
Ihr Blasen, dann die Hälse streckend, so

Wie in des Dammes Mönch der Strudel saust,
Ziehn sie das Wasser in den Schlund, sie pusten,
Die kranke Sterke schaukelt träg herbei,
Sie schaudert, schüttelt sich in hohlem Husten,
Und dann – ein Schuß, und dann – ein Jubelschrei!

Das grüne Käppchen auf dem Ohr,
Den halben Mond am Lederband,
Trabt aus der Lichtung rasch hervor
Bis mitten in das Heideland
Ein Weidmann ohne Tasch' und Büchse;
Er schwenkt das Horn, er ballt die Hand,
Dann setzt er an, und tausend Füchse
Sind nicht so kräftig totgeblasen,
Als heut es schmettert übern Rasen.

»Der Schelm ist tot, der Schelm ist tot!
Laßt uns den Schelm begraben!
Kriegen ihn die Hunde nicht,
Dann fressen ihn die Raben.
Hoho hallo!«

Da stürmt von allen Seiten es heran,
Die Bracken brechen aus Genist und Tann;
Durch das Gelände sieht in wüsten Reifen
Man johlend sie um den Hornisten schweifen.
Sie ziehen ihr Geheul so hohl und lang,
Daß es verdunkelt der Fanfare Klang,
Doch lauter, lauter schallt die Gloria,
Braust durch den Ginster die Viktoria:

»Hängt den Schelm! hängt den Schelm!
Hängt ihn an die Weide,
Mir den Balg und dir den Talg,
Dann lachen wir alle beide;
. Hängt ihn! Hängt ihn!
Den Schelm, den Schelm! – –«

DIE VOGELHÜTTE

Regen, Regen, immer Regen! will nicht das Geplätscher
enden,
Daß ich aus dem Sarge brechen kann, aus diesen
Bretterwänden?

Sieben Schuhe ins Gevierte, das ist doch ein ärmlich
Räumchen
Für ein Menschenkind, und wär' es schlank auch wie ein
Rosenbäumchen!

O was ließ ich mich gelüsten, in den Vogelherd zu flüchten,
Als nur schwach die Wolke tropfte, als noch flüsterten die
Fichten:

Und muß nun bestehn das Ganze, wie wenn zögernd man dem
Schwätzer
Raum gegeben, dem langweilig Seile drehnden Phrasensetzer;

Und am Knopfe nun gehalten oder schlimmer an den Händen,
Zappelnd, wie der Halbgehängte langet nach des Strickes
Enden!

Meine Unglücksstrick' sind dieser Wasserstriemen Läng' und
Breite,
Die verkörperten Hyperbeln, denn Bindfäden regnet's heute.

Denk' ich an die heitre Stube, an das weiche Kanapee,
Und wie mein Gedicht, – das meine! – dort zerlesen wird
beim Tee;

Denk' ich an die schwere Zunge, die statt meiner es zerdrischt,
Bohrend wie ein Schwertfisch möcht' ich schießen in den
Wassergischt.

Pah! was kümmern mich die Tropfen, ob ich naß, ob säuberlich!
Aber besser stramm und trocken, als durchnäßt und – lächerlich.

Da – ein Fleck, ein Loch am Himmel; bist du endlich doch
gebrochen,
Alte Wassertonne, hab' ich endlich dich entzweigesprochen?

Aber wehe! wie's vom Fasse brodelt, wenn gesprengt der
Zapfen,
Hör' ich's auf dem Dache rasseln, förmlich wie mit Füßen
stapfen.

Regen! unbarmherz'ger Regen! mögst du braten oder sieden!
Wehe, diese alte Kufe ist das Faß der Danaiden!   ,

Ich habe mich gesetzt in Gottes Namen;
Es hilft doch alles nicht, und mein Gedicht
Ist längst gelesen, und im Schloß die Damen,
Sie saßen lange zu Gericht.

Statt einen neuen Lorbeerkranz zu drücken
In meine Phöboslocken, hat man sacht
Den alten losgezupft und hinterm Rücken
Wohl Eselsohren mir gemacht.

Verkannte Seele, fasse dich im Leiden,
Sei stark, sei nobel, denk', der Ruhm ist leer,
Das Leben kurz, es wechseln Schmerz und Freuden,
Und was dergleichen Neugedachtes mehr!

Ich schau mich um in meiner kleinen Zelle:
Für einen Klausner wär's ein hübscher Ort;
Die Bank, der Tisch, das hölzerne Gestelle
Und an der Wand die Tasche dort;

Ein Netz im Winkelchen, ein Rechen, Spaten –
Und Betten? nun, das macht sich einfach hier;
Der Thymian ist heuer gut geraten
Und blüht mir grade vor der Tür.

Die Waldung drüben – und das Quellgewässer –
Hier möcht' ich Heidebilder schreiben, zum Exempel:
»Die Vogelhütte«, nein – »der Herd«, nein besser:
»Der Knieende in Gottes weitem Tempel.«

'S ist doch romantisch, wenn ein zart Geriesel
Durch Immortellen und Wachholderstrauch
Umzieht und gleitet wie ein schlüpfend Wiesel
Und drüber flirrt der Stöberrauch;

Wenn Schimmer wechseln, weiß und seladonen;
Die weite Ebne schaukelt wie ein Schiff,
Hindurch der Kibitz schrillt, wie Halkyonen
Wehklagend ziehen um das Riff.

Am Horizont die kolossalen Brücken –
Sind's Wolken, oder ist's ein ferner Wald?
Ich will den Schemel an die Luke rücken,
Da liegt mein Hut, mein Hammer, – halt:

Ein Teller am Gestell! – was mag er bieten?
Fundus! bei Gott, ein Fund die Brezel drin!
Für einen armen Hund von Eremiten,
Wie ich es leider heute bin!

Ein seid'ner Beutel noch – am Bort zerrissen;
Ich greife, greife Rundes mit der Hand;
Weh! in die dürre Erbs' hab' ich gebissen –
Ich dacht', es seie Zuckerkand.

Und nun die Tasche! he, wir müssen klopfen –
Vielleicht liegt ein Gefangner hier in Haft;
Da – eine Flasche! schnell herab den Pfropfen –
Ist's Wasser? Wasser? – edler Rebensaft!

Und Edlerer, der ihn dem Sack vertraute,
Splendid barmherziger Wildhüter du,
Für einen armen Schelm, der Erbsen kaute,
Den frommen Bruder Tuck im Ivanhoe!

Mit dem Gekörn will ich den Kibitz letzen,
Es aus der Lucke streun, wenn er im Flug
Herschwirrt, mir auf die Schulter sich zu setzen,
Wie man es lies't in manchem Buch.

Mir ist ganz wohl in meiner armen Zelle;
Wie mir das Klausnerleben so gefällt!
Ich bleibe hier, ich geh' nicht von der Stelle,
Bevor der letzte Tropfen fällt.

*

Es verrieselt, es verraucht,
Mählich aus der Wolke taucht
Neu hervor der Sonnenadel.
In den feinen Dunst die Fichte
Ihre grünen Dornen streckt,
Wie ein schönes Weib die Nadel
In den Spitzenschleier steckt;
Und die Heide steht im Lichte
Zahllos blanker Tropfen, die
Am Wachholder zittern, wie
Glasgehänge an dem Lüster.
Überm Grund geht ein Geflüster,
Jedes Kräutchen reckt sich auf,
Und in langgestrecktem Lauf,
Durch den Sand des Pfades eilend,
Blitzt das goldne Panzerhemd
Des Kuriers; am Halme weilend
Streicht die Grille sich das Naß
Von der Flügel grünem Glas.

Grashalm glänzt wie eine Klinge,
Und die kleinen Schmetterlinge,
Blau, orange, gelb und weiß,
Jagen tummelnd sich im Kreis.
Alles Schimmer, alles Licht;
Bergwald mag und Welle nicht
Solche Farbentöne hegen,
Wie die Heide nach dem Regen.

Ein Schall – und wieder – wieder – was ist das? –
Bei Gott, das Schloß! Da schlägt es Acht im Turme –
Weh, mein Gedicht! o weh mir armem Wurme,
Nun fällt mir alles ein, was ich vergaß!

Mein Hut, mein Hammer, hurtig fortgetrabt –
Vielleicht, vielleicht ist man diskret gewesen
Und harrte meiner, der sein Federlesen
Indes mit Kraut und Würmern hat gehabt. –

Nun kommt der Steg und nun des Teiches Ried,
Nun steigen der Alleen schlanke Streifen;
Ich weiß es nicht, ich kann es nicht begreifen,
Wie ich so gänzlich mich vom Leben schied –
Doch freilich – damals war ich Eremit!

DER WEIHER

Er liegt so still im Morgenlicht,
So friedlich, wie ein fromm Gewissen;
Wenn Weste seinen Spiegel küssen,
Des Ufers Blume fühlt es nicht;
Libellen zittern über ihn,
Blaugoldne Stäbchen und Karmin,
Und auf des Sonnenbildes Glanz
Die Wasserspinne führt den Tanz;
Schwertlilienkranz am Ufer steht
Und horcht des Schilfes Schlummerliede;
Ein lindes Säuseln kommt und geht,
Als flüstre's: Friede! Friede! Friede! –

Das Schilf

»Stille, er schläft! stille, stille!
Libelle, reg' die Schwingen sacht,
Daß nicht das Goldgewebe schrille,
Und, Ufergrün, halt gute Wacht,
Kein Kieselchen laß niederfallen.
Er schläft auf seinem Wolkenflaum
Und über ihn läßt säuselnd wallen
Das Laubgewölb' der alte Baum;
Hoch oben, wo die Sonne glüht,
Wieget der Vogel seine Flügel,
Und wie ein schlüpfend Fischlein zieht
Sein Schatten durch des Teiches Spiegel.
Stille, stille! er hat sich geregt,

Ein fallend Reis hat ihn bewegt,
Das grad zum Nest der Hänfling trug:
Su, Su! breit', Ast, dein grünes Tuch –
Su, Su! nun schläft er fest genug.«

Die Linde

»Ich breite über ihn mein Blätterdach,
So weit ich es vom Ufer strecken mag.
Schau her, wie langaus meine Arme reichen,
Ihm mit den Fächern das Gewürm zu scheuchen,
Das hundertfarbig zittert in der Luft.
Ich hauch' ihm meines Odems besten Duft,
Und auf sein Lager lass' ich niederfallen
Die lieblichste von meinen Blüten allen; .
Und eine Bank lehnt sich an meinen Stamm,
Da schaut ein Dichter von dem Uferdamm,
Den hör' ich flüstern wunderliche Weise
Von mir und dir und der Libell' so leise,
Daß er den frommen Schläfer nicht geweckt;
Sonst wahrlich hätt' die Raupe ihn erschreckt,
Die ich geschleudert aus dem Blätterhag.
Wie grell die Sonne blitzt! schwül wird der Tag.
O könnt' ich, könnt' ich meine Wurzeln strecken
Recht mitten in das tief kristall'ne Becken,
Den Fäden gleich, die, grünlicher Asbest,
Schaun so behaglich aus dem Wassernest,
Wie mir zum Hohne, der im Sonnenbrande
Hier einsam niederlechzt vom Uferrande.«

Die Wasserfäden

»Neid' uns! neid' uns! laß die Zweige hangen,
Nicht weil flüssigen Kristall wir trinken,
Neben uns des Himmels Sterne blinken,
Sonne sich in unserm Netz gefangen –
Nein, des Teiches Blutsverwandte, fest
Hält er all uns an die Brust gepreßt,
Und wir bohren unsre feinen Ranken
In das Herz ihm, wie ein liebend Weib,
Dringen Adern gleich durch seinen Leib,
Dämmern auf wie seines Traums Gedanken;
Wer uns kennt, der nennt uns lieb und treu,
Und die Schmerle birgt in unsrer Hut
Und die Karpfenmutter ihre Brut;
Welle mag in unserm Schleier kosen;
Uns nur traut die holde Wasserfei,
Sie, die Schöne, lieblicher als Rosen
Schleuß, Trifolium, die Glocken auf,
Kurz dein Tag, doch königlich sein Lauf!«

Kinder am Ufer

»O sieh doch! siehst du nicht die Blumenwolke
Da drüben in dem tiefsten Weiherkolke?
O, das ist schön! hätt' ich nur einen Stecken,
Schmalzweiße Kelch' mit dunkelroten Flecken,
Und jede Glocke ist frisiert so fein,
Wie unser wächsern Engelchen im Schrein.
Was meinst du, schneid' ich einen Haselstab

Und wat' ein wenig in die Furt hinab?
Pah! Frösch' und Hechte können mich nicht schrecken –
Allein, ob nicht vielleicht der Wassermann
Dort in den langen Kräutern hocken kann?

Ich geh', ich gehe schon – ich gehe nicht –
Mich dünkt', ich sah am Grunde ein Gesicht –
Komm, laß uns lieber heim, die Sonne sticht!«

DER HÜNENSTEIN

Zur Zeit der Scheide zwischen Nacht und Tag,
Als wie ein siecher Greis die Heide lag
Und ihr Gestöhn des Mooses Teppich regte,
Krankhafte Funken im verwirrten Haar
Elektrisch blitzten und, ein dunkler Mahr,
Sich über sie die Wolkenschichte legte;

Zu dieser Dämmerstunde war's, als ich
Einsam hinaus mit meinen Sorgen schlich
Und wenig dachte, was es draußen treibe.
Nachdenklich schritt ich, und bemerkte nicht
Des Krautes Wallen und des Wurmes Licht;
Ich sah auch nicht, als stieg die Mondesscheibe.

Grad war der Weg, ganz sonder Steg und Bruch;
So träumt' ich fort und, wie ein schlechtes Buch,
Ein Pfennigs-Magazin uns auf der Reise
Von Station zu Stationen plagt,
Hab' zehnmal Weggeworfnes ich benagt
Und fortgeleiert überdrüss'ge Weise.

Entwürfe wurden aus Entwürfen reif,
Doch, wie die Schlange packt den eignen Schweif,
Fand ich mich immer auf derselben Stelle;
Da plötzlich fuhr ein plumper Schröter jach
Ans Auge mir, ich schreckte auf und lag
Am Grund, um mich des Heidekrautes Welle.

Seltsames Lager, das ich mir erkor!
Zur Rechten, Linken schwoll Gestein empor,
Gewalt'ge Blöcke, rohe Porphyrbrode;
Mir überm Haupte reckte sich der Bau,
Langhaar'ge Flechten rührten meine Brau',
Und mir zu Füßen schwankt' die Ginsterlode.

Ich wußte gleich, es war ein Hünengrab,
Und fester drückt' ich meine Stirn hinab,
Wollüstig saugend an des Grauens Süße,
Bis es mit eis'gen Krallen mich gepackt,
Bis wie ein Gletscher-Bronn des Blutes Takt
Aufquoll und hämmert' unterm Mantelvließe.

Die Decke über mir, gesunken, schief,
An der so blaß gehärmt das Mondlicht schlief,
Wie eine Witwe an des Gatten Grabe;
Vom Hirtenfeuer Kohlenscheite sahn
So leichenbrandig durch den Thymian,
Daß ich sie abwärts schnellte mit dem Stabe.

Husch fuhr ein Kibitz schreiend aus dem Moos;
Ich lachte auf; doch trug wie bügellos
Mich Phantasie weit über Spalt und Barren.

Dem Wind hab' ich gelauscht so scharf gespannt,
Als bring' er Kunde aus dem Geisterland,
Und immer mußt' ich an die Decke starren.

Ha! welche Sehnen wälzten diesen Stein?
Wer senkte diese wüsten Blöcke ein,
Als durch das Heid die Totenklage schallte?
Wer war die Drude, die im Abendstrahl
Mit Run' und Spruch umwandelte das Tal,
Indes ihr goldnes Haar im Winde wallte?

Dort ist der Osten; dort, drei Schuh im Grund,
Dort steht die Urne, und in ihrem Rund
Ein wildes Herz, zerstäubt zu Aschenflocken,
Hier lagert sich der Traum vom Opferhain,
Und finster schütteln über diesen Stein
Die grimmen Götter ihre Wolkenlocken.

Wie, sprach ich Zauberformel? Dort am Damm –
Es steigt, es breitet sich wie Wellenkamm,
Ein Riesenleib, gewalt'ger, höher immer;
Nun greift es aus mit langgedehntem Schritt –
Schau, wie es durch der Eiche Wipfel glitt,
Durch seine Glieder zittern Mondenschimmer.

Komm her, komm nieder – um ist deine Zeit!
Ich harre dein, im heil'gen Bad geweiht;
Noch ist der Kirchenduft in meinem Kleide! –
Da fährt es auf, da ballt es sich ergrimmt,
Und langsam, eine dunkle Wolke, schwimmt
Es über meinem Haupt entlang die Heide.

Ein Ruf, ein hüpfend Licht – es schwankt herbei –
Und – »Herr, es regnet« – sagte mein Lakai,
Der ruhig übers Haupt den Schirm mir streckte.
Noch einmal sah ich zum Gestein hinab:
Ach Gott, es war doch nur ein rohes Grab,
Das armen, ausgedorrten Staub bedeckte! –

DIE STEPPE

Standest du je am Strande,
Wenn Tag und Nacht sich gleichen,
Und sahst aus Lehm und Sande
Die Regenrinnen schleichen –
Zahllose Schmugglerquellen,
Und dann, so weit das Auge
Nur reicht, des Meeres Wellen
Gefärbt mit gelber Lauge? –

Hier ist die Dün' und drunten
Das Meer; Kanonen gleichend
Stehn Schäferkarrn, die Lunten
Verlöscht am Boden streichend.
Gilt's etwa dem Korsaren
Im flatternden Kaftane,
Den dort ich kann gewahren
Im gelben Ozeane?

Er scheint das Tau zu schlagen,
Sein Schiff verdeckt die Düne,
Doch sieht den Mast man ragen, –

Ein dürrer Fichtenhüne;
Von seines Toppes Kunkel
Die Seile stramm wie Äste,
Der Mastkorb rauh und dunkel,
Gleicht einem Weihenneste! –

DIE MERGELGRUBE

Stoß deinen Scheit drei Spannen in den Sand,
Gesteine siehst du aus dem Schnitte ragen,
Blau, gelb, zinnoberrot, als ob zur Gant
Natur die Trödelbude aufgeschlagen.
Kein Pardelfell war je so bunt gefleckt,
Kein Rebhuhn, keine Wachtel so gescheckt,
Als das Gerölle, gleißend wie vom Schliff,
Sich aus der Scholle bröckelt bei dem Griff
Der Hand, dem Scharren mit des Fußes Spitze.

Wie zürnend sturt dich an der schwarze Gneis,
Spatkugeln kollern nieder, milchig weiß,
Und um den Glimmer fahren Silberblitze;
Gesprenkelte Porphyre, groß und klein,
Die Ockerdruse und der Feuerstein –
Nur wenige hat dieser Grund gezeugt,
Der sah den Strand, und *der* des Berges Kuppe;
Die zorn'ge Welle hat sie hergescheucht,
Leviathan mit seiner Riesenschuppe,
Als schäumend übern Sinai er fuhr,
Des Himmels Schleusen dreißig Tage offen,
Gebirge schmolzen ein wie Zuckerkand,

Als dann am Ararat die Arche stand,
Und eine fremde, üppige Natur,
Ein neues Leben quoll aus neuen Stoffen. –

Findlinge nennt man sie, weil von der Brust,
Der mütterlichen, sie gerissen sind,
In fremde Wiege, schlummernd unbewußt,
Die fremde Hand sie legt' wie's Findelkind.
O welch' ein Waisenhaus ist diese Heide,
Die Mohren, Blaßgesicht und rote Haut
Gleichförmig hüllet mit dem braunen Kleide!
Wie endlos ihre Zellenreihn gebaut!

Tief ins Gebröckel, in die Mergelgrube
War ich gestiegen, denn der Wind zog scharf;
Dort saß ich seitwärts in der Höhlenstube
Und horchte träumend auf der Luft Geharf.
Es waren Klänge, wie wenn Geisterhall
Melodisch schwinde im zerstörten All;
Und dann ein Zischen, wie von Moores Klaffen,
Wenn brodelnd es in sich zusamm'gesunken;
Mir überm Haupt ein Rispeln und ein Schaffen,
Als scharre in der Asche man den Funken.
Findlinge zog ich Stück auf Stück hervor
Und lauschte, lauschte mit berauschtem Ohr.

Vor mir, um mich der graue Mergel nur;
Was drüber, sah ich nicht; doch die Natur
Schien mir verödet, und ein Bild erstand
Von einer Erde, mürbe, ausgebrannt;
Ich selber schien ein Funken mir, der doch

Erzittert in der toten Asche noch,
Ein Findling im zerfallnen Weltenbau.
Die Wolke teilte sich, der Wind ward lau;
Mein Haupt nicht wagt' ich aus dem Hohl zu strecken,
Um nicht zu schauen der Verödung Schrecken,
Wie Neues quoll und Altes sich zersetzte –
War ich der erste Mensch oder der letzte?

Ha, auf der Schieferplatte hier Medusen –
Noch schienen ihre Strahlen sie zu zücken,
Als sie geschleudert von des Meeres Busen
Und das Gebirge sank, sie zu zerdrücken.
Es ist gewiß, die alte Welt ist hin,
Ich Petrefakt, ein Mammutsknochen drin!
Und müde, müde sank ich an den Rand
Der staub'gen Gruft; da rieselte der Grand
Auf Haar und Kleider mir, ich ward so grau
Wie eine Leich' im Katakomben-Bau,
Und mir zu Füßen hört' ich leises Knirren,
Ein Rütteln, ein Gebröckel und ein Schwirren.
Es war der Totenkäfer, der im Sarg
Soeben eine frische Leiche barg;
Ihr Fuß, ihr Flügelchen empor gestellt
Zeigt eine Wespe mir von dieser Welt.
Und anders ward mein Träumen nun gewandet,
Zu einer Mumie ward ich versandet,
Mein Linnen Staub, fahlgrau mein Angesicht,
Und auch der Skarabäus fehlte nicht.

Wie, Leichen über mir? – so eben gar
Rollt mir ein Byssusknäuel in den Schoß;

Nein, das ist Wolle, ehrlich Lämmerhaar –
Und plötzlich ließen mich die Träume los.
Ich gähnte, dehnte mich, fuhr aus dem Hohl,
Am Himmel stand der rote Sonnenball,
Getrübt von Dunst, ein glüher Karneol,
Und Schafe weideten am Heidewall.
Dicht über mir sah ich den Hirten sitzen,
Er schlingt den Faden, und die Nadeln blitzen,
Wie er bedächtig seinen Socken strickt.
Zu mir hinunter hat er nicht geblickt.
»Ave Maria« hebt er an zu pfeifen,
So sacht und schläfrig, wie die Lüfte streifen.
Er schaut so seelengleich die Herde an,
Daß man nicht weiß, ob Schaf er oder Mann.
Ein Räuspern dann, und langsam aus der Kehle
Schiebt den Gesang er in das Garngesträhle:

»Es stehet ein Fischlein in einem tiefen See,
Danach tu ich wohl schauen, ob es kommt in die Höh';
Wandl' ich über Grunheide bis an den kühlen Rhein,
Alle meine Gedanken bei meinem Feinsliebchen sein.

Gleich wie der Mond ins Wasser schaut hinein,
Und gleich wie die Sonne im Wald gibt güldenen Schein,
Also sich verborgen bei mir die Liebe findt,
Alle meine Gedanken, sie sind bei dir, mein Kind.

Wer da hat gesagt, ich wollte wandern fort,
Der hat sein Feinsliebchen an einem andern Ort;
Trau nicht den falschen Zungen, was sie dir blasen ein,
Alle meine Gedanken, sie sind bei dir allein.«

Ich war hinaufgeklommen, stand am Bord,
Dicht vor dem Schäfer, reichte ihm den Knäuel;
Er steckt' ihn an den Hut und strickte fort,
Sein weißer Kittel zuckte wie ein Weihel.
Im Moose lag ein Buch; ich hob es auf –
»Bertuchs Naturgeschichte; lest Ihr das?«
Da zog ein Lächeln seine Lippen auf:
»Der lügt mal, Herr! Doch das ist just der Spaß!
Von Schlangen, Bären, die in Stein verwandelt,
Als, wie Genesis sagt, die Schleusen offen;
Wär's nicht zur Kurzweil, wär' es schlecht gehandelt:
Man weiß ja doch, daß alles Vieh versoffen.«
Ich reichte ihm die Schieferplatte: »Schau,
Das war ein Tier.« Da zwinkert' er die Brau
Und hat mir lange pfiffig nachgelacht –
Daß ich verrückt sei, hätt' er nicht gedacht! –

DAS HIRTENFEUER

Dunkel, Dunkel im Moor,
Über der Heide Nacht,
Nur das rieselnde Rohr
Neben der Mühle wacht,
Und an des Rades Speichen
Schwellende Tropfen schleichen.

Unke kauert im Sumpf,
Igel im Grase duckt,
In dem modernden Stumpf
Schlafend die Kröte zuckt,

Und am sandigen Hange
Rollt sich fester die Schlange.

Was glimmt dort hinterm Ginster
Und bildet lichte Scheiben?
Nun wirft es Funkenflinster,
Die löschend niederstäuben;
Nun wieder alles dunkel –
Ich hör' des Stahles Picken,
Ein Knistern, ein Gefunkel,
Und auf die Flammen zücken.

Und Hirtenbuben hocken
Im Kreis' umher, sie strecken
Die Hände, Torfes Brocken
Seh' ich die Lohe lecken;
Da bricht ein starker Knabe
Aus des Gestrüppes Windel
Und schleifet nach im Trabe
Ein wüst Wachholderbündel.

Er läßt's am Feuer kippen –
Hei, wie die Buben johlen,
Und mit den Fingern schnippen
Die Funken-Girandolen!
Wie ihre Zipfelmützen
Am Ohre lustig flattern,
Und wie die Nadeln spritzen,
Und wie die Äste knattern!

Die Flamme sinkt, sie hocken
Aufs Neu' umher im Kreise,
Und wieder fliegen Brocken,
Und wieder schwehlt es leise:
Glührote Lichter streichen
An Haarbusch und Gesichte,
Und schier Dämonen gleichen
Die kleinen Heidewichte.

Der da, der Unbeschuhte,
Was streckt er in das Dunkel
Den Arm wie eine Rute?
Im Kreise welch Gemunkel?
Sie spähn wie junge Geier
Von ihrer Ginsterschütte:
Ha, noch ein Hirtenfeuer,
Recht an des Dammes Mitte!

Man sieht es eben steigen
Und seine Schimmer breiten,
Den wirren Funkenreigen
Übern Wachholder gleiten;
Die Buben flüstern leise,
Sie räuspern ihre Kehlen,
Und alte Heideweise
Verzittert durch die Schmehlen.

»Helo, heloe!
Heloe, loe!
Komm du auf unsre Heide,
Wo ich meine Schäflein weide,

Komm, o komm in unser Bruch,
Da gibt's der Blümelein genug! –
Helo, heloe!«

Die Knaben schweigen, lauschen nach dem Tann,
Und leise durch den Ginster zieht's heran:

Gegenstrophe

»Helo, heloe!
Ich sitze auf dem Walle,
Meine Schäflein schlafen alle,
Komm, o komm in unsern Kamp,
Da wächst das Gras wie Brahm so lang! –
Helo, heloe!
Heloe, loe!«

DER HEIDEMANN

»Geht, Kinder, nicht zu weit ins Bruch,
Die Sonne sinkt, schon surrt den Flug
Die Biene matter, schlafgehemmt,
Am Grunde schwimmt ein blasses Tuch,
Der Heidemann kömmt!« –

Die Knaben spielen fort am Raine,
Sie rupfen Gräser, schnellen Steine,
Sie plätschern in des Teiches Rinne,
Erhaschen die Phalän' am Ried
Und freun sich, wenn die Wasserspinne
Langbeinig in die Binsen flieht.

»Ihr Kinder, legt euch nicht ins Gras! –
Seht, wo noch grad' die Biene saß,
Wie weißer Rauch die Glocken füllt.
Scheu aus dem Busche glotzt der Has,
Der Heidemann schwillt!« –

Kaum hebt ihr schweres Haupt die Schmehle
Noch aus dem Dunst, in seine Höhle
Schiebt sich der Käfer, und am Halme
Die träge Motte höher kreucht,
Sich flüchtend vor dem feuchten Qualme,
Der unter ihre Flügel steigt.

»Ihr Kinder, haltet euch bei Haus!
Lauft ja nicht in das Bruch hinaus;
Seht, wie bereits der Dorn ergraut,
Die Drossel ächzt zum Nest hinaus,
Der Heidemann braut!« –

Man sieht des Hirten Pfeife glimmen
Und vor ihm her die Herde schwimmen,
Wie Proteus seine Robbenscharen
Heimschwemmt im grauen Ozean.
Am Dach die Schwalben zwitschernd fahren,
Und melancholisch kräht der Hahn.

»Ihr Kinder, bleibt am Hofe dicht!
Seht, wie die feuchte Nebelschicht
Schon an des Pförtchens Klinke reicht;
Am Grunde schwimmt ein falsches Licht,
Der Heidemann steigt!« –

Nun strecken nur der Föhren Wipfel
Noch aus dem Dunste grüne Gipfel,
Wie übern Schnee Wachholderbüsche;
Ein leises Brodeln quillt im Moor,
Ein schwaches Schrillen, ein Gezische
Dringt aus der Niederung hervor.

»Ihr Kinder kommt, kommt schnell herein!
Das Irrlicht zündet seinen Schein,
Die Kröte schwillt, die Schlang' im Ried;
Jetzt ist's unheimlich draußen sein,
Der Heidemann zieht!« –

Nun sinkt die letzte Nadel, rauchend
Zergeht die Fichte, langsam tauchend
Steigt Nebelschemen aus dem Moore,
Mit Hünenschritten gleitet's fort;
Ein irres Leuchten zuckt im Rohre,
Der Krötenchor beginnt am Bord.

Und plötzlich scheint ein schwaches Glühen
Des Hünen Glieder zu durchziehen;
Es siedet auf, es färbt die Wellen,
Der Nord, der Nord entzündet sich –
Glutpfeile, Feuerspeere schnellen,
Der Horizont ein Lavastrich!

»Gott gnad' uns! wie es zuckt und dräut,
Wie's schwehlet an der Dünenscheid'!
Ihr Kinder, faltet eure Händ',
Das bringt uns Pest und teure Zeit –
Der Heidemann brennt!« –

DAS HAUS IN DER HEIDE

Wie lauscht, vom Abendschein umzuckt,
Die strohgedeckte Hütte,
Recht wie im Nest der Vogel duckt,
Aus dunkler Föhren Mitte.

Am Fensterloche streckt das Haupt
Die weißgestirnte Sterke,
Bläst in den Abendduft und schnaubt
Und stößt ans Holzgewerke.

Seitab ein Gärtchen, dornumhegt,
Mit reinlichem Gelände,
Wo matt ihr Haupt die Glocke trägt,
Aufrecht die Sonnenwende.

Und drinnen kniet ein stilles Kind,
Das scheint den Grund zu jäten,
Nun pflückt sie eine Lilie lind
Und wandelt längs den Beeten.

Am Horizonte Hirten, die
Im Heidekraut sich strecken
Und mit des Aves Melodie
Träumende Lüfte wecken.

Und von der Tenne ab und an
Schallt es wie Hammerschläge,
Der Hobel rauscht, es fällt der Span,
Und langsam knarrt die Säge.

Da hebt der Abendstern gemach
Sich aus den Föhrenzweigen,
Und grade ob der Hütte Dach
Scheint er sich mild zu neigen.

Es ist ein Bild, wie still und heiß
Es alte Meister hegten,
Kunstvolle Mönche, und mit Fleiß
Es auf den Goldgrund legten.

Der Zimmermann – die Hirten gleich
Mit ihrem frommen Liede –
Die Jungfrau mit dem Lilienzweig –
Und rings der Gottesfriede. –

Des Sternes wunderlich Geleucht
Aus zarten Wolkenfloren –
Ist etwa hier im Stall vielleicht
Christkindlein heut geboren?

DER KNABE IM MOOR

O schaurig ist's übers Moor zu gehn,
Wenn es wimmelt vom Heiderauche,
Sich wie Phantome die Dünste drehn
Und die Ranke häkelt am Strauche,
Unter jedem Tritte ein Quellchen springt,
Wenn aus der Spalte es zischt und singt,
O schaurig ist's übers Moor zu gehn,
Wenn das Röhricht knistert im Hauche!

Fest hält die Fibel das zitternde Kind
Und rennt, als ob man es jage;
Hohl über die Fläche sauset der Wind –
Was raschelt drüben am Hage?
Das ist der gespenstische Gräberknecht,
Der dem Meister die besten Torfe verzecht;
Hu, hu, es bricht wie ein irres Rind!
Hinducket das Knäblein zage.

Vom Ufer starret Gestumpf hervor,
Unheimlich nicket die Föhre,
Der Knabe rennt, gespannt das Ohr,
Durch Riesenhalme wie Speere;
Und wie es rieselt und knittert darin!
Das ist die unselige Spinnerin,
Das ist die gebannte Spinnlenor',
Die den Haspel dreht im Geröhre!

Voran, voran! nur immer im Lauf,
Voran, als woll' es ihn holen!
Vor seinem Fuße brodelt es auf,
Es pfeift ihm unter den Sohlen
Wie eine gespenstige Melodei;
Das ist der Geigemann ungetreu,
Das ist der diebische Fiedler Knauf,
Der den Hochzeitheller gestohlen!

Da birst das Moor, ein Seufzer geht
Hervor aus der klaffenden Höhle;
Weh, weh, da ruft die verdammte Margret:
»Ho, ho, meine arme Seele!«

Der Knabe springt wie ein wundes Reh;
Wär' nicht Schutzengel in seiner Näh',
Seine bleichenden Knöchelchen fände spät
Ein Gräber im Moorgeschwehle.

Da mählich gründet der Boden sich,
Und drüben, neben der Weide,
Die Lampe flimmert so heimatlich,
Der Knabe steht an der Scheide.
Tief atmet er auf, zum Moor zurück
Noch immer wirft er den scheuen Blick:
Ja, im Geröhre war's fürchterlich,
O schaurig war's in der Heide!

DIE ELEMENTE

Luft
Der Morgen, der Jäger

Wo die Felsenlager stehen,
Sich des Schnees Daunen blähen,
Auf des Chimborasso Höhen
Ist der junge Strahl erwacht;
Regt und dehnt die ros'gen Glieder,
Schüttelt dann sein Goldgefieder,
Mit dem Flimmerauge nieder
Blinzt er in des Tales Schacht.
Hörst du, wie es fällt und steigt?
Fühlst du, wie es um dich streicht?
Dringt zu dir im weichen Duft
Nicht der Himmelsodem – Luft?

Ins frische Land der Jäger tritt:
»Gegrüßt du fröhlicher Morgen!
Gegrüßt du Sonn', mit dem leichten Schritt
Wir Beiden ziehn ohne Sorgen.
Und dreimal gegrüßt mein Geselle Wind,
Der stets mir wandelt zur Seite,
Im Walde flüstert durch Blätter lind,
Zur Höh' gibt springend Geleite.
Und hat die Gems, das listige Tier,
Mich verlockt in ihr zackiges Felsrevier,
Wie sind wir Drei dann so ganz allein,
Du, Luft, und ich und der uralte Stein!«

Wasser

Der Mittag, der Fischer

Alles still ringsum –
Die Zweige ruhen, die Vögel sind stumm.
Wie ein Schiff, das im vollen Gewässer brennt,
Und das die Windsbraut jagt,
So durch den Azur die Sonne rennt
Und immer flammender tagt.

Natur schläft – ihr Odem steht,
Ihre grünen Locken hangen schwer,
Nur auf und nieder ihr Pulsschlag geht
Ungehemmt im heiligen Meer.
Jedes Räupchen sucht des Blattes Hülle,
Jeden Käfer nimmt sein Grübchen auf;
Nur das Meer liegt frei in seiner Fülle
Und blickt zum Firmament hinauf.

In der Bucht wiegt ein Kahn,
Ausgestreckt der Fischer drin,
Und die lange Wasserbahn
Schaut er träumend überhin.
Neben ihm die Zweige hängen,
Unter ihm die Wellchen drängen,
Plätschernd in der blauen Flut
Schaukelt seine heiße Hand:

»Wasser«, spricht er, »Welle gut,
Hauchst so kühlig an den Strand.
Du, der Erde köstlich Blut,
Meinem Blute nah verwandt,
Sendest deine blanken Wellen,
Die jetzt kosend um mich schwellen,
Durch der Mutter weites Reich,
Börnlein, Strom und glatter Teich,
Und an meiner Hütte gleich
Schlürf' ich dein geläutert Gut,
Und du wirst mein eignes Blut,
Liebe Welle, heil'ge Flut!« –
Leiser plätschernd schläft er ein
Und das Meer wirft seinen Schein
Um Gebirg und Feld und Hain;
Und das Meer zieht seine Bahn
Um die Welt und um den Kahn.

Erde

Der Abend, der Gärtner

Rötliche Flöckchen ziehen
Über die Berge fort,
Und wie Purpurgewänder
Und wie farbige Bänder
Flattert es hier und dort
In der steigenden Dämmrung Hort.

Gleich einem Königsgarten,
Den verlassen die Fürstin hoch –
Nur in der Kühle ergehen
Und um die Beete sich drehen
Flüstern ein paar Hoffräulein noch.

Da des Himmels Vorhang sinkt,
Öffnet sich der Erde Brust;
Leise, leise Kräutlein trinkt
Und entschlummert unbewußt;
Und sein furchtsam Wächterlein,
Würmchen mit dem grünen Schein,
Zündet an dem Glühholz sein
Leuchtchen klein.

Der Gärtner, über die Blumen gebeugt,
Spürt an der Sohle den Tau,
Gleich vom nächsten Halme er streicht
Lächelnd die Tropfen lau;
Geht noch einmal entlang den Wall,
Prüft jede Knospe genau und gut:
»Schlaft denn«, spricht er, »ihr Kindlein all,

Schlafet! ich lass' euch der Mutter Hut;
Liebe Erde, mir sind die Wimpern schwer,
Hab' die letzte Nacht durchwacht,
Breit' *wohl* deinen Taumantel um sie her,
Nimm *wohl* mir die Kleinen in acht.«

Feuer
Die Nacht, der Hammerschmied

Dunkel! All Dunkel schwer!
Wie Riesen schreiten Wolken her –
Über Gras und Laub
Wirbelt's wie schwarzer Staub;
Hier und dort ein grauer Stamm,
Am Horizont des Berges Kamm
Hält die gespenstige Wacht,
Sonst alles Nacht – Nacht – nur Nacht.

Was blitzt dort auf? – ein roter Stern –
Nun scheint es nah, nun wieder fern;
Schau! wie es zuckt und zuckt und schweift,
Wie's ringelnd gleich der Schlange pfeift.
Nun am Gemäuer klimmt es auf,
Unwillig wirft's die Asch' hinauf,
Und wirbelnd überm Dach hervor
Die Funkensäule steigt empor.

Und dort der Mann im ruß'gen Kleid,
– Sein Angesicht ist bleich und kalt,
Ein Bild der listigen Gewalt –

Wie er die Flamme dämpft und facht
Und hält den Eisenblock bereit!
Den soll ihm die gefangne Macht,
Die wilde hartbezähmte Glut
Zermalmen gleich in ihrer Wut.

Schau, wie das Feuer sich zersplittert!
Wie's tückisch an der Kohle knittert!
Lang aus die rote Kralle streckt
Und nach dem Kerkermeister reckt!
Wie's vor verhaltnem Grimme zittert:

»O hätt' ich dich, o könnte ich
Mit meinen Klauen fassen dich!
Ich lehrte dich den Unterschied
Von dir zu Elementes Zier,
An deinem morschen, staub'gen Glied,
Du ruchlos Menschentier!«

DIE SCHENKE AM SEE
An Levin Schücking

Ist's nicht ein heit'rer Ort, mein junger Freund,
Das kleine Haus, das schier vom Hange gleitet,
Wo so possierlich uns der Wirt erscheint,
So übermächtig sich die Landschaft breitet;
Wo uns ergötzt im neckischen Kontrast
Das Wurzelmännchen mit verschmitzter Miene,
Das wie ein Aal sich schlingt und kugelt fast,
Im Angesicht der stolzen Alpenbühne?

Sitz nieder! – Trauben! – und behend erscheint
Zopfwedelnd der geschäftige Pygmäe;
O sieh, wie die verletzte Beere weint
Blutige Tränen um des Reifes Nähe;
Frisch, greif in die kristallne Schale, frisch!
Die saftigen Rubine glühn und locken;
Schon fühl' ich an des Herbstes reichem Tisch
Den kargen Winter nahn auf leisen Socken.

Das sind dir Hieroglyphen, junges Blut,
Und ich, ich will an deiner lieben Seite
Froh schlürfen meiner Neige letztes Gut,
Schau her, schau drüben in die Näh' und Weite;
Wie uns zur Seite sich der Felsen bäumt,
Als könnten wir mit Händen ihn ergreifen,
Wie uns zu Füßen das Gewässer schäumt,
Als könnten wir im Schwunge drüber streifen!

Hörst du das Alphorn überm blauen See?
So klar die Luft, mich dünkt, ich seh' den Hirten
Heimzügeln von der duftbesäumten Höh' –
War's nicht, als ob die Rinderglocken schwirrten?
Dort, wo die Schlucht in das Gestein sich drängt –
Mich dünkt, ich seh den kecken Jäger schleichen;
Wenn eine Gemse an der Klippe hängt,
Gewiß, mein Auge müßte sie erreichen.

Trink aus! – die Alpen liegen stundenweit,
Nur nah die Burg, uns heimisches Gemäuer,
Wo Träume lagern lang verschollner Zeit,
Seltsame Mär' und zorn'ge Abenteuer.

Wohl ziemt es mir, in Räumen schwer und grau,
Zu grübeln über dunkler Taten Reste;
Doch du, Levin, schaust aus dem grimmen Bau
Wie eine Schwalbe aus dem Mauerneste.

Sieh drunten auf dem See im Abendrot
Die Taucherente hin und wieder schlüpfend;
Nun sinkt sie nieder wie des Netzes Lot,
Nun wieder aufwärts mit den Wellen hüpfend;
Seltsames Spiel, recht wie ein Lebenslauf!
Wir beide schaun gespannten Blickes nieder;
Du flüsterst lächelnd: immer kömmt sie auf! –
Und ich, ich denke: immer sinkt sie wieder!

Noch einen Blick dem segensreichen Land,
Den Hügeln, Auen, üpp'gem Wellenrauschen.
Und heimwärts dann, wo von der Zinne Rand
Freundliche Augen unserm Pfade lauschen;
Brich auf! – da haspelt in behendem Lauf
Das Wirtlein Abschied wedelnd uns entgegen:
»– Geruh'ge Nacht – stehn's nit zu zeitig auf! –«
Das ist der lust'gen Schwaben Abendsegen.

AM TURME

Ich steh' auf hohem Balkone am Turm,
Umstrichen vom schreienden Stare,
Und lass' gleich einer Mänade den Sturm
Mir wühlen im flatternden Haare;
O wilder Geselle, o toller Fant,

Ich möchte dich kräftig umschlingen,
Und, Sehne an Sehne, zwei Schritte vom Rand
Auf Tod und Leben dann ringen!

Und drunten seh' ich am Strand, so frisch
Wie spielende Doggen, die Wellen
Sich tummeln rings mit Geklaff und Gezisch
Und glänzende Flocken schnellen.
O, springen möcht' ich hinein alsbald,
Recht in die tobende Meute,
Und jagen durch den korallenen Wald
Das Walroß, die lustige Beute!

Und drüben seh' ich ein Wimpel wehn
So keck wie eine Standarte,
Seh' auf und nieder den Kiel sich drehn
Von meiner luftigen Warte;
O, sitzen möcht' ich im kämpfenden Schiff,
Das Steuerruder ergreifen
Und zischend über das brandende Riff
Wie eine Seemöve streifen.

Wär' ich ein Jäger auf freier Flur,
Ein Stück nur von einem Soldaten,
Wär' ich ein Mann doch mindestens nur,
So würde der Himmel mir raten;
Nun muß ich sitzen so fein und klar,
Gleich einem artigen Kinde,
Und darf nur heimlich lösen mein Haar
Und lassen es flattern im Winde!

DAS ÖDE HAUS

Tiefab im Tobel liegt ein Haus,
Zerfallen nach des Försters Tode,
Dort ruh' ich manche Stunde aus,
Vergraben unter Rank' und Lode;
's ist eine Wildnis, wo der Tag
Nur halb die schweren Wimpern lichtet;
Der Felsen tiefe Kluft verdichtet
Ergrauter Äste Schattenhag.

· Ich horche träumend, wie im Spalt
Die schwarzen Fliegen taumelnd summen,
Wie Seufzer streifen durch den Wald,
Am Strauche irre Käfer brummen;
Wenn sich die Abendröte drängt
An sickernden Geschiefers Lauge,
Dann ist's, als ob ein trübes Auge,
Ein rotgeweintes, drüber hängt.

Das Dach, von Moose überschwellt,
Läßt wirre Schober niederragen,
Und eine Spinne hat ihr Zelt
Im Fensterloche aufgeschlagen;
Da hängt, ein Blatt von zartem Flor,
Der schillernden Libelle Flügel,
Und ihres Panzers goldner Spiegel
Ragt kopflos am Gesims hervor.

Wo an zerrißner Laube Joch
Die langen magern Schossen streichen,

An wildverwachsner Hecke noch
Im Moose Nelkensprossen schleichen,
Dort hat vom tröpfelnden Gestein
Das dunkle Naß sich durchgesogen,
Kreucht um den Buchs in trägen Bogen
Und sinkt am Fenchelstrauche ein.

Zuweilen hat ein Schmetterling
Sich gaukelnd in der Schlucht gefangen
Und bleibt sekundenlang am Ring
Der kränkelnden Narzisse hangen;
Streicht eine Taube durch den Hain,
So schweigt am Tobelrand ihr Girren,
Man höret nur die Flügel schwirren
Und sieht den Schatten am Gestein.

Und auf dem Herde, wo der Schnee
Seit Jahren durch den Schlot geflogen,
Liegt Aschenmoder feucht und zäh,
Von Pilzes Glocken überzogen;
Noch hängt am Mauerpflock ein Rest
Verwirrten Wergs, das Seil zu spinnen,
Wie halbvermorschtes Haar, und drinnen
Der Schwalbe überjährig Nest.

Und von des Balkens Haken nickt
Ein Schellenband an Schnall' und Riemen,
Mit grober Wolle ist gestickt
»Diana« auf dem Lederstriemen;
Ein Pfeifchen auch vergaß man hier,
Als man den Tannensarg geschlossen;

Den Mann begrub man, tot geschossen
Hat man das alte treue Tier.

Sitz' ich so einsam am Gesträuch
Und hör' die Maus im Laube schrillen,
Das Eichhorn blafft von Zweig zu Zweig,
Am Sumpfe läuten Unk' und Grillen, –
Wie Schauer überläuft's mich dann,
Als hör' ich klingeln noch die Schellen,
Im Walde die Diana bellen
Und pfeifen noch den toten Mann.

IM MOOSE

Als jüngst die Nacht dem sonnenmüden Land
Der Dämmrung leise Boten hat gesandt,
Da lag ich einsam noch in Waldes Moose.
Die dunklen Zweige nickten so vertraut,
An meiner Wange flüsterte das Kraut,
Unsichtbar duftete die Heiderose.

Und flimmern sah ich durch der Linde Raum
Ein mattes Licht, das im Gezweig der Baum
Gleich einem mächt'gen Glühwurm schien zu tragen,
Es sah so dämmernd wie ein Traumgesicht,
Doch wußte ich, es war der Heimat Licht,
In meiner eignen Kammer angeschlagen.

Ringsum so still, daß ich vernahm im Laub
Der Raupe Nagen, und wie grüner Staub

Mich leise wirbelnd Blätterflöckchen trafen,
Ich lag und dachte, ach, so Manchem nach,
Hast du so Vieles, so Vieles erlebt,
Daß dir im Traume es kehren muß,
Daß deine gleißende Nerv erbebt,
Naht ihr am Strand eines Menschen Fuß?
Dahin, dahin! die einst so gesund,
So reich und mächtig, so arm und klein,
Und nur ihr flüchtiger Spiegelschein
Liegt zerflossen auf deinem Grund.

Der Ritter, so aus der Burg hervor
Vom Hange trabte in aller Früh;
– Jetzt nickt die Esche vom grauen Tor,
Am Zwinger zeichnet die Mylady –
Das arme Mütterlein, das gebleicht
Sein Leichenhemde den Strand entlang;
Der Kranke, der seinen letzten Gang
An deinem Borde gekeucht;

Das spielende Kind, das neckend hier
Sein Schneckenhäuschen geschleudert hat;
Die glühende Braut, die lächelnd dir
Von der Ringelblume gab Blatt um Blatt;
Der Sänger, der mit trunkenem Aug',
Das Metrum geplätschert in deiner Flut;
Der Pilger, so am Gestein geruht:
Sie alle dahin wie Rauch!

Bist du so fromm, alte Wasserfey,
Hältst nur umschlungen, läßt nimmer los?

Hat sich aus dem Gebirge die Treu'
Geflüchtet in deinen heiligen Schoß?
O, schau mich an! ich zergeh' wie Schaum,
Wenn aus dem Grabe die Distel quillt,
Dann zuckt mein längst zerfallenes Bild
Wohl einmal durch deinen Traum!

DAS ALTE SCHLOSS

Auf der Burg haus' ich am Berge,
Unter mir der blaue See,
Höre nächtlich Koboldzwerge,
Täglich Adler aus der Höh',
Und die grauen Ahnenbilder
Sind mir Stubenkameraden,
Wappentruh' und Eisenschilder
Sofa mir und Kleiderladen.

Schreit' ich über die Terrasse
Wie ein Geist am Runenstein,
Sehe unter mir die blasse
Alte Stadt im Mondenschein,
Und am Walle pfeift es weidlich,
– Sind es Käuze oder Knaben? –
Ist mir selber oft nicht deutlich,
Ob ich lebend, ob begraben!

Mir genüber gähnt die Halle,
Grauen Tores, hohl und lang,
Drin mit wunderlichem Schalle

Langsam dröhnt ein schwerer Gang.
Mir zur Seite Riegelzüge,
Ha, ich öffne, laß die Lampe
Scheinen auf der Wendelstiege
Lose modergrüne Rampe,
Die mich lockt wie ein Verhängnis
Zu dem unbekannten Grund;
Ob ein Brunnen? ob Gefängnis?
Keinem Lebenden ist's kund;
Denn zerfallen sind die Stufen,
Und der Steinwurf hat nicht Bahn,
Doch als ich hinab gerufen,
Donnert's fort wie ein Orkan.

Ja, wird mir nicht baldigst fade
Dieses Schlosses Romantik,
In den Trümmern ohne Gnade
Brech' ich Glieder und Genick;
Denn, wie trotzig sich die Düne
Mag am flachen Strande heben,
Fühl' ich stark mich wie ein Hüne,
Von Zerfallendem umgeben.

AM WEIHER

Ein milder Wintertag

An jenes Waldes Enden,
Wo still der Weiher liegt
Und längs den Fichtenwänden
Sich lind Gemurmel wiegt;

Wo in der Sonnenhelle,
So matt und kalt sie ist,
Doch immerfort die Welle
Das Ufer flimmernd küßt:

Da weiß ich, schön zum Malen,
Noch eine schmale Schlucht,
Wo all die kleinen Strahlen
Sich fangen in der Bucht;

Ein trocken, windstill Eckchen
Und so an Grüne reich,
Daß auf dem ganzen Fleckchen
Mich kränkt kein dürrer Zweig.

Will ich den Mantel dichte
Nun legen übers Moos,
Mich lehnen an die Fichte
Und dann auf meinen Schoß

Gezweig' und Kräuter breiten,
So gut ich's finden mag:
Wer will mir's übel deuten,
Spiel ich den Sommertag?

Will nicht die Grille hallen,
So säuselt doch das Ried;
Sind stumm die Nachtigallen,
So sing' ich selbst ein Lied.

Und hat Natur zum Feste
Nur wenig dargebracht:
Die Lust ist stets die beste,
Die man sich selber macht.

Ein harter Wintertag

Daß ich dich so verkümmert seh',
Mein lieb lebend'ges Wasserreich,
Daß ganz versteckt in Eis und Schnee
Du siehst der plumpen Erde gleich;

Auch daß voll Reif und Schollen hängt
Dein überglaster Fichtengang:
Das ist es nicht, was mich beengt,
Geh' ich an deinem Bord entlang.

Zwar in der immer grünen Zier
Erschienst, o freundlich Element,
Du ähnlich den Oasen mir,
Die des Arabers Sehnsucht kennt;

Wenn neben der verdorrten Flur
Erblühten deine Moose noch,
Wenn durch die schweigende Natur
Erklangen deine Wellen doch.

Allein auch heute wollt' ich gern
Mich des kristallnen Flimmers freun,
Belauschen jeden Farbenstern
Und keinen Sommertag bereun:

Wär' nicht dem Ufer längs, so breit,
Die glatte Schlittenbahn gefegt,
Worauf sich wohl zur Mittagszeit
Gar manche rüst'ge Ferse regt.

Bedenk' ich nun, wie manches Jahr
Ich nimmer eine Eisbahn sah:
Wohl wird mir's trüb und wunderbar,
Und tausend Bilder treten nah.

Was blieb an Wünschen unerfüllt,
Das nähm' ich noch gelassen mit:
Doch ach, der Frost so manchen hüllt,
Der einst so fröhlich drüber glitt!

MEIN BERUF

»Was meinem Kreise mich enttrieb,
Der Kammer friedlichem Gelasse?«
Das fragt ihr mich, als sei, ein Dieb,
Ich eingebrochen am Parnasse.
So hört denn, hört, weil ihr gefragt:
Bei der Geburt bin ich geladen,
Mein Recht, so weit der Himmel tagt,
Und meine Macht von Gottes Gnaden.

Jetzt, wo hervor der tote Schein
Sich drängt am modervollen Stumpfe,
Wo sich der schönste Blumenrain
Wiegt über dem erstorbnen Sumpfe,

Der Geist, ein blutlos Meteor,
Entflammt und lischt im Moorgeschwehle,
Jetzt ruft die Stunde: »Tritt hervor,
Mann oder Weib, lebend'ge Seele!

»Tritt zu dem Träumer, den am Rand
Entschläfert der Datura Odem,
Der, langsam gleitend von der Wand,
Noch zucket gen den Zauberbrodem.
Und wo ein Mund zu lächeln weiß
Im Traum, ein Auge noch zu weinen,
Da schmettre laut, da flüstre leis,
Trompetenstoß und West in Hainen!

»Tritt näher, wo die Sinnenlust
Als Liebe gibt ihr wüstes Ringen,
Und durch der eignen Mutter Brust
Den Pfeil zum Ziele möchte bringen,
Wo selbst die Schande flattert auf,
Ein lustiges Panier zum Siege,
Da rüttle hart: ›Wach auf, wach auf,
Unsel'ger, denk an deine Wiege!

»»Denk an das Aug', das überwacht
Noch eine Freude dir bereitet,
Denk an die Hand, die manche Nacht
Dein Schmerzenslager dir gebreitet,
Des Herzens denk, das einzig wund
Und einzig selig deinetwegen,
Und dann knie nieder auf den Grund
Und fleh um deiner Mutter Segen!‹

»Und wo sich träumen wie in Haft
Zwei einst so glüh ersehnte Wesen,
Als hab' ein Priesterwort die Kraft,
Der Banne seligsten zu lösen,
Da flüstre leise: ›Wacht, o wacht!
Schaut in das Auge euch, das trübe,
Wo dämmernd sich Erinnrung facht,
Und dann: wach auf, o heil'ge Liebe!‹

»Und wo im Schlafe zitternd noch
Vom Opiat die Pulse klopfen,
Das Auge dürr, und gäbe doch
Sein Sonnenlicht um einen Tropfen –
O rüttle sanft: ›Verarmter, senk
Die Blicke in des Äthers Schöne,
Kos' einem blonden Kind und denk
An der Begeistrung erste Träne.‹«

So rief die Zeit, so ward mein Amt
Von Gottes Gnaden mir gegeben,
So mein Beruf mir angestammt,
Im frischen Mut, im warmen Leben;
Ich frage nicht, ob ihr mich nennt,
Nicht fröhnen mag ich kurzem Ruhme,
Doch wißt: wo die Sahara brennt,
Im Wüstensand, steht eine Blume,

Farblos und Duftes bar, nichts weiß
Sie, als den frommen Tau zu hüten
Und dem Verschmachtenden ihn leis
In ihrem Kelche anzubieten.

Vorüber schlüpft die Schlange scheu,
Und Pfeile ihre Blicke regnen,
Vorüber rauscht der stolze Leu,
Allein der Pilger wird sie segnen.

MEINE TOTEN

Wer eine ernste Fahrt beginnt,
Der Segen Not und frischer Wind,
Er schaut verlangend in die Weite
Nach eines treuen Auges Brand,
Nach einem warmen Druck der Hand,
Nach einem Wort, das ihn geleite.

Ein ernstes Wagen heb' ich an,
So tret' ich denn zu euch hinan,
Ihr meine stillen strengen Toten;
Ich bin erwacht an eurer Gruft,
Aus Wasser, Feuer, Erde, Luft
Hat eure Stimme mir geboten.

Wenn die Natur in Hader lag
Und durch die Wolkenwirbel brach
Ein Funke jener tausend Sonnen, –
Spracht aus der Elemente Streit
Ihr nicht von einer Ewigkeit
Und unerschöpften Lichtes Bronnen?

Am Hange schlich ich, krank und matt,
Da habt ihr mir das welke Blatt

Mit Warnungsflüstern zugetragen,
Gelächelt aus der Welle Kreis,
Habt aus des Angers starrem Eis
Die Blumenaugen aufgeschlagen.

Was meine Adern muß durchziehn
Sah ich's nicht flammen und verglühn,
An eurem Schreine nicht erkalten?
Vom Auge hauchtet ihr den Schein,
Ihr meine Richter, die allein
In treuer Hand die Wage halten.

Kalt ist der Druck von eurer Hand,
Erloschen eures Blickes Brand,
Und euer Laut der Öde Odem,
Doch keine andre Rechte drückt
So traut, so hat kein Aug' geblickt,
So spricht kein Wort, wie Grabesbrodem!

Ich fasse eures Kreuzes Stab
Und beuge meine Stirn hinab
Zu eurem Gräberhauch, dem stillen;
Zumeist geliebt, zuerst gegrüßt,
Laßt, lauter wie der Äther fließt,
Mir Wahrheit in die Seele quillen.

KATHARINE SCHÜCKING

Du hast es nie geahndet, nie gewußt,
Wie groß mein Lieben ist zu dir gewesen,
Nie hat dein klares Aug' in meiner Brust
Die scheu verhüllte Runenschrift gelesen,
Wenn du mir freundlich reichtest deine Hand,
Und wir zusammen durch die Grüne wallten,
Nicht wußtest du, daß wie ein Götterpfand
Ich, wie ein köstlich Kleinod sie gehalten.

Du sahst mich nicht, als ich, ein heftig Kind,
Vom ersten Kuß der jungen Muse trunken
Im Garten kniete, wo die Quelle rinnt
Und weinend in die Gräser bin gesunken;
Als zitternd ich gedreht der Türe Schloß,
Da ich zum ersten Mal dich sollte schauen,
Westfalens Dichterin, und wie da floß
Durch mein bewegtes Herz ein selig Grauen.

Sehr jung war ich und sehr an Liebe reich,
Begeisterung der Hauch, von dem ich lebte;
Ach! Manches ist zerstäubt, der Asche gleich,
Was einst als Flamme durch die Adern bebte!
Mein Blick ward klar und mein Erkennen stark,
Von seinem Throne mußte Manches steigen,
Und was ich einst genannt des Lebens Mark,
Das fühlt' ich jetzt mit frischem Stolz mein eigen.

So scheut' ich es, als fromme Schülerin,
Dir wieder in das dunkle Aug' zu sehen,

Ich wollte nicht vor meiner Meisterin
Hochmütig, mit bedecktem Haupte, stehen.
Auch war ich krank, mein Sinnen sehr verwirrt,
Und keinen Namen mocht' ich sehnend nennen;
Doch hat dies deine Liebe nicht geirrt,
Du drangst zu mir nach langer Jahre Trennen.

Und als du vor mich tratest, fest und klar,
Und blicktest tief mir in der Seele Gründe,
Da ward ich meiner Schwäche wohl gewahr,
Was ich gedacht, das schien mir schwere Sünde.
Dein Bild, du Starke in der Läutrung Brand,
Stieg wie ein Phönix aus der Asche wieder,
Und tief im Herzen hab' ich es erkannt,
Wie zehnfach größer du als deine Lieder.

Du sahst, Bescheidne, nicht, daß damals hier
Aus deinem Blick Genesung ich getrunken,
Daß deines Mundes Laute damals mir
Wie Naphtha in die Seele sind gesunken.
Ein jedes Wort, durchsichtig wie Kristall
Und kräftig gleich dem edelsten der Weine,
Schien mir zu rufen: »Auf! der Launen Ball,
Steh auf! erhebe dich, du Schwach' und Kleine!«

Nun bist du hin! von Gottes reinstem Bild
Ist nur ein grüner Hügel uns geblieben,
Den heut' umziehn die Winterstürme wild
Und die Gedanken derer, die dich lieben.
Auch hör' ich, daß man einen Kranz gelegt   ·
Von Lorbeer in des Grabes dunkle Moose,

Doch ich, Kathinka, widme dir bewegt
Den Efeu und die dornenvollste Rose.

DAS VIERZEHNJÄHRIGE HERZ

Er ist so schön! – sein lichtes Haar
Das möcht' ich mit keinem vertauschen,
Wie seidene Fäden so weich und klar,
Wenn zarte Löckchen sich bauschen;
Oft streichl' ich es, dann lacht er traun,
Nennt mich »seine alberne Barbe«;
Es ist nicht schwarz, nicht blond, nicht braun,
Nun ratet, wie nennt sich die Farbe?

Und seine Gebärde ist königlich,
Geht majestätisch zu Herzen,
Zuckt er die Braue, dann fürcht' ich mich
Und möchte auch weinen vor Schmerzen;
Und wieder, seh' ich sein Lächeln blühn,
So klar wie das reine Gewissen,
Da möchte ich gleich auf den Schemel knien
Und die guten Hände ihm küssen.

Heut' bin ich in aller Frühe erwacht,
Beim ersten Glitzern der Sonnen,
Und habe mich gleich auf die Sohlen gemacht
Zum Hügel drüben am Bronnen;
Erdbeeren fand ich, glüh wie Rubin,
Schau, wie im Korbe sie lachen!
Die stell' ich ihm nun an das Lager hin,
Da sieht er sie gleich beim Erwachen.

Ich weiß, er denkt mit dem ersten Blick:
»Das tat meine alberne Barbe!«
Und freundlich streicht er das Haar zurück
Von seiner rühmlichen Narbe,
Ruft mich bei Namen, und zieht mich nah,
Daß Tränen die Augen mir trüben;
Ach, er ist mein herrlicher Vater ja,
Soll ich ihn denn nicht lieben, nicht lieben?

BLUMENTOD

Wie sind meine Finger so grün,
Blumen hab' ich zerrissen;
Sie wollten für mich blühn
Und haben sterben müssen.
Wie neigten sie um mein Angesicht
Wie fromme schüchterne Lider,
Ich war in Gedanken, ich achtet's nicht
Und bog sie zu mir nieder,
Zerriß die lieben Glieder
In sorgenlosem Mut.
Da floß ihr grünes Blut
Um meine Finger nieder;
Sie weinten nicht, sie klagten nicht,
Sie starben sonder Laut,
Nur dunkel ward ihr Angesicht,
Wie wenn der Himmel graut.

Sie konnten mir's nicht ersparen,
Sonst hätten sie's wohl getan;

Wohin bin ich gefahren
In trüben Sinnens Wahn?

O töricht Kinderspiel,
O schuldlos Blutvergießen!
Und gleicht's dem Leben viel,
Laßt mich die Augen schließen,
Denn was geschehn ist, ist geschehn,
Und wer kann für die Zukunft stehn?

BRENNENDE LIEBE

Und willst du wissen, warum
So sinnend ich manche Zeit,
Mitunter so töricht und dumm,
So unverzeihlich zerstreut,
Willst wissen auch ohne Gnade,
Was denn so Liebes enthält
die heimlich verschlossene Lade,
An die ich mich öfters gestellt?

Zwei Augen hab' ich gesehn,
Wie der Strahl im Gewässer sich bricht,
Und wo zwei Augen nur stehn,
Da denke ich an ihr Licht.
Ja, als du neulich entwandtest
Die Blume vom blühenden Rain
Und »Oculus Christi« sie nanntest,
Da fielen die Augen mir ein.

Auch gibt's einer Stimme Ton,
Tief, zitternd, wie Hornes Hall,
Die tut's mir völlig zum Hohn,
Sie folget mir überall.
Als jüngst im flimmernden Saale
Mich quälte der Geigen Gegell,
Da hört' ich mit einem Male
Die Stimme im Violoncell.

Auch weiß ich eine Gestalt,
So leicht und kräftig zugleich,
Die schreitet vor mir im Wald
Und gleitet über den Teich;
Ja, als ich eben in Sinnen
Sah über des Mondes Aug'
Einen Wolkenstreifen zerrinnen,
Das war ihre Form, wie ein Rauch.

Und höre, höre zuletzt,
Dort liegt, da drinnen im Schrein,
Ein Tuch mit Blute genetzt,
Das legte ich heimlich hinein.
Er ritzte sich nur an der Schneide,
Als Beeren vom Strauch er mir hieb,
Nun hab' ich sie alle beide,
Sein Blut und meine brennende Lieb'.

STAMMBUCHBLÄTTER

I.

Mit Lauras Bilde

Im Namen eines Freundes

Um einen Myrtenzweig sich zu ersingen
Schickt seinen Schwan Petrarka Lauren nach,
Mit Lorbeerreisern füllt er das Gemach,
Doch kann er in den Myrtenhain nicht dringen.

Da zieht er durch die Welt mit hellem Klingen,
Schlägt mit den Flügeln an das teure Haus,
Man reicht ihm den Zypressenkranz hinaus,
Allein die Myrte kann er nicht erringen.

Mein Freund, wohl ist der Lorbeer uns versagt,
Doch laß uns um den schnöden Preis nicht klagen,
Von Dornen und Zypressen rings umragt.

Will es in einer Laura Blick mir tagen,
Dann hab' ich gern dem schweren Kranz entsagt,
Die kleine Myrte läßt sich leichter tragen.

II.

An Henriette von Hohenhausen

Wie lieb, o Nähe; Ferne, ach wie leid;
Wie bald wird Gegenwart Vergangenheit!
Warum hat Trauer denn so matten Schritt,
Da doch so leicht die frohe Stunde glitt?
Ach, wer mir liebe Stunden könnte bannen,
Viel werter sollt' er sein, als der vermöchte
Der trüben schlaffe Sehnen anzuspannen,
Denn Leid im Herzen wirbt sich teure Rechte,
Und wer es nimmt, der nimmt ein Kleinod mit.

Reich mir die Hand! du hast mich froh gemacht.
In öder Fremde hab' ich dein gedacht,
Werd' oft noch sinnen deinem Blicke nach,
So mildes Auge hellt den trübsten Tag.
Laß Ferne denn zur Nähe sich gestalten
Durch Wechselwort und inniges Gedenken.
Reich mir die Hand! – ich will sie treulich halten,
Und drüber her mag immergrün sich senken
Der Tannenzweig, ein schirmend Wetterdach.

INSTINKT

Bin ich allein, verhallt des Tages Rauschen,
Im frischen Wald, im braunen Heideland,
Um mein Gesicht die Gräser nickend bauschen,
Ein Vogel flattert an des Nestes Rand,
Und mir zu Füßen liegt mein treuer Hund,

Gleich Feuerwürmern seine Augen glimmen,
Dann kommen mir Gedanken, ob gesund,
Ob krank, das mag ich selber nicht bestimmen.

Ergründen möcht' ich, ob das Blut, das grüne,
Kein Lebenspuls durch jene Kräuter trägt,
Ob Dionaea um die kühne Biene
Bewußtlos ihre rauhen Netze schlägt,
Was in dem weißen Sterne zuckt und greift,
Wenn er, die Fäden streckend, leise schauert,
Und ob, vom Duft der Menschenhand gestreift,
Gefühllos ganz die Sensitive trauert?

Und wieder muß ich auf den Vogel sehen,
Der dort so zürnend seine Federn sträubt,
Mit kriegerischem Schrei mich aus den Nähen
Der nackten Brut nach allen Kräften treibt.
Was ist Instinkt? – tiefsten Gefühles Herd;
Instinkt trieb auch die Mutter zu dem Kinde
Als jene Fürstin, von der Glut verzehrt,
Als Heil'ge ward posaunt in alle Winde.

Und du, mein zott'ger Tremm, der schlafestrunken
Noch ob der Herrin wacht und durch das Grün
Läßt blinzelnd streifen seiner Blicke Funken,
Sag' an, was deine klugen Augen glühn?
Ich bin es nicht, die deine Schale füllt,
Nicht gab der Nahrung Trieb dich mir zu eigen,
Und mit der Sklavenpeitsche kann mein Bild
Noch minder dir im dumpfen Hirne steigen.

Wer kann mir sagen, ob des Hundes Seele
Hinaufwärts, oder ob nach unten steigt?
Und müde, müde drück ich in die Schmehle
Mein Haupt, wo siedend der Gedanke steigt.
Was ist es, das ein hungermattes Tier,
Mit dem gestohlnen Brote für das bleiche
Blutrünst'ge Antlitz, in das Waldrevier
Läßt flüchten und verschmachten bei der Leiche?

Das sind Gedanken, die uns könnten töten,
Den Geist betäuben, rauben jedes Glück,
Mit tausendfachem Mord die Hände röten,
Und leise schaudernd wend' ich meinen Blick.
O schlimme Zeit, die solche Gäste rief
In meines Sinnens harmlos lichte Bläue!
O schlechte Welt, die mich so lang' und tief
Ließ grübeln über eines Pudels Treue!

NOT

Was redet ihr soviel von Angst und Not
In eurem tadellosen Treiben?
Ihr frommen Leute, schlagt die Sorge tot,
Sie will ja doch nicht bei euch bleiben!

Doch wo die Not, um die das Mitleid weint,
Nur wie der Tropfen an des Trinkers Hand,
Indes die dunkle Flut, die keiner meint,
Verborgen steht bis an der Seele Rand –

Ihr frommen Leute wollt die Sorge kennen,
Und habt doch nie die Schuld gesehn!
Doch sie, sie dürfen schon das Leben nennen
Und seine grauenvollen Höhn.

Hinauf schallt's wie Gesang und Loben,
Und um die Blumen spielt der Strahl,
Die Menschen wohnen still im Tal,
Die dunklen Geier horsten droben.

DIE BANK

Im Parke weiß ich eine Bank,
Die schattenreichste nicht von allen,
Nur Erlen lassen, dünn und schlank,
Darüber karge Streifen wallen;
Da sitz' ich manchen Sommertag
Und lass' mich rösten von der Sonnen,
Rings keiner Quelle Plätschern wach,
Doch mir im Herzen springt der Bronnen.

Dies ist der Fleck, wo man den Weg
Nach allen Seiten kann bestreichen,
Das staub'ge Gleis, den grünen Steg
Und dort die Lichtung in den Eichen:
Ach manche, manche liebe Spur
Ist unterm Rade aufgeflogen!
Was mich erfreut, bekümmert, nur
Von drüben kam es hergezogen.

Du frommer Greis im schlichten Kleid,
Getreuer Freund seit zwanzig Jahren,
Dem keine Wege schlimm und weit,
Galt es den heil'gen Dienst zu wahren;
Wie oft sah ich den schweren Schlag
Dich drehn mit ungeschickten Händen,
Und langsam steigend nach und nach
Dein Käppchen an des Dammes Wänden.

Und du in meines Herzens Grund,
Mein lieber schlanker blonder Junge,
Mit deiner Büchs' und braunem Hund,
Du klares Aug' und muntre Zunge,
Wie oft hört' ich dein Pfeifen nah',
Wenn zu der Dogge du gesprochen;
Mein lieber Bruder warst du ja,
Wie sollte mir das Herz nicht pochen?

Und Manches, was die Zeit verweht,
Und Manches, was sie ließ erkalten,
Wie Bankos Königsreihe geht
Und trabt es aus des Waldes Spalten.
Auch was mir noch geblieben und
Was neu erblüht im Lebensgarten,
Der werten Freunde heitren Bund
Von drüben muß ich ihn erwarten.

So sitz' ich Stunden wie gebannt,
Im Gestern halb und halb im Heute,
Mein gutes Fernrohr in der Hand
Und lass' es streifen durch die Weite.

Am Damme steht ein wilder Strauch,
O, schmählich hat mich der betrogen!
Rührt ihn der Wind, so mein' ich auch,
Was Liebes komme hergezogen!

Mit jedem Schritt weiß er zu gehn,
Sich anzuformen alle Züge;
So mag er denn am Hange stehn,
Ein wert Phantom, geliebte Lüge;
Ich aber hoffe für und für,
So fern ich mich des Lebens freue,
Zu rösten an der Sonne hier,
Geduld'ger Märtyrer der Treue.

DER TRAUM
An Amalie Hassenpflug

Jüngst hab' ich dich gesehn im Traum,
So lieblich saßest du behütet
In einer Laube grünem Raum,
Von duftendem Jasmin umblütet,
Durch Zweige fiel das goldne Licht,
Aus Vogelkehlen ward gesungen,
Du saßest da, wie ein Gedicht,
Von einem Blumenkranz umschlungen.

Und deine liebe Rechte trug
Das Antlitz mit so edlen Sitten,
Im Sand das aufgeschlagne Buch
Schien von dem Schoße dir geglitten;

Dich lehnend an den frischen Hag
Hauchtest du flüsternd leise Küsse,
Im Auge eine Träne lag,
Wie Tau im Kelche der Narzisse.

Dich anzuschaun war meine Lust,
Zu lauschen deiner Züge Regen,
Und dennoch hätt' ich gern gewußt,
Was dich so innig mocht' bewegen?
Da bogst du sacht hinab den Zweig,
Strichst lächelnd an der Spitzenhaube,
An deine Schulter huscht' ich gleich,
Sah einen Baum in schlichtem Laube,

Und auf dem Baume saß ein Fink,
Der schleppte dürres Moos und Reisig,
»Schau her, schau wieder!« zirpt' er flink
Und förderte am Nestchen fleißig;
Er sah so keck und fröhlich aus,
Als trüg' er des Flamingo Kleider,
So sorglich hüpft' er um sein Haus,
Als fürcht' er bösen Blick und Neider.

Und wenn ein Reischen er gelegt,
Dann rief er alle Welt zu Zeugen,
Als müsse, was der Garten hegt,
Blum' und Gesträuch sich vor ihm neigen;
Um deine Lippe flog ein Zug,
Wie ich ihn oft an ihr gesehen,
Und meinen Namen ließ im Flug
Sie über ihre Spalte gehen.

Schon hob ich meine Hand hinauf,
Mit leisem Schlage dich zu strafen,
Allein da wacht' ich plötzlich auf
Und bin nicht wieder eingeschlafen;
Nur deiner hab' ich fortgedacht,
Säh' dich so gern am grünen Hage,
Mich dünkt, so lieb wie in der Nacht
Sah ich dich noch an keinem Tage.

Im Eise schlummern Blum' und Zweig,
Dezemberwinde schneidend wehen,
Der Garten steht im Wolkenreich,
Wo tausend schönre Gärten stehen;
So golden ist kein Sonnenschein,
Daß er wie der erträumte blinke;
Doch du, bist du nicht wirklich mein?
Und bin ich nicht dein dummer Finke?

LOCKE UND LIED

Meine Lieder sandte ich dir,
Meines Herzens strömende Quellen,
Deine Locke sandtest du mir,
Deines Hauptes ringelnde Wellen;
Hauptes Welle und Herzens Flut,
Sie zogen einander vorüber;
Haben sie nicht im Kusse geruht?
Schoß nicht ein Leuchten darüber?

Und du klagest: verblichen sei
Die Farbe der wandernden Zeichen;
Scheiden tut weh, mein Liebchen, ei,
Die Scheidenden dürfen erbleichen;
Warst du blaß nicht, zitternd und kalt,
Als ich von dir mich gerissen?
Blicke sie an, du Milde, und bald,
Bald werden den Herrn sie nicht missen.

Auch deine Locke hat sich gestreckt,
Verdrossen, gleich schlafendem Kinde,
Doch ich hab' sie mit Küssen geweckt,
Hab' sie gestreichelt so linde,
Ihr geflüstert von unserer Treu',
Sie geschlungen um deine Kränze,
Und nun ringelt sie sich aufs neu'
Wie eine Rebe im Lenze.

Wenig Wochen, dann grünet der Stamm,
Hat Sonnenschein sich ergossen,
Und wir sitzen am rieselnden Damm,
Die Händ' ineinander geschlossen,
Schaun in die Welle und schaun in das Aug'
Uns wieder und wieder und lachen,
Und Bekanntschaft mögen dann auch
Die Lock' und der Liederstrom machen.

AN LEVIN SCHÜCKING

O frage nicht, was mich so tief bewegt,
Seh' ich dein junges Blut so freudig wallen,
Warum, an deine klare Stirn gelegt,
Mir schwere Tropfen aus den Wimpern fallen.

Mich träumte einst, ich sei ein albern Kind,
Sich emsig mühend an des Tisches Borden;
Wie übermächtig die Vokabeln sind,
Die wieder Hieroglyphen mir geworden!

Und als ich dann erwacht, da weint' ich heiß,
Daß mir so klar und nüchtern jetzt zu Mute,
Daß ich so schrankenlos und überweis',
So ohne Furcht vor Schelten und vor Rute.

So, wenn ich schaue in dein Antlitz mild,
Wo tausend frische Lebenskeime walten,
Da ist es mir, als ob Natur mein Bild
Mir aus dem Zauberspiegel vorgehalten;

Und all mein Hoffen, meiner Seele Brand
Und meiner Liebessonne dämmernd Scheinen,
Was noch entschwinden wird und was entschwand,
Das muß ich Alles dann in dir beweinen.

AN ELISE

Am 19. September 1843

Du weißt es lange wohl, wie wert du mir,
Was sollt' ich es nicht froh und offen tragen,
Ein Lieben, das so frischer Ranken Zier
Um meinen kranken Lebensbaum geschlagen?
Und manchen Abend hab' ich nachgedacht,
In leiser Stunde träumerischem Sinnen,
Wie deinen Morgen, meine nah'nde Nacht
Das Schicksal ließ aus Einer Urne rinnen.

Zu alt zur Zwillingsschwester möchte ich
Mein Töchterchen dich nennen, meinen Sprossen,
Mir ist, als ob mein fliehend Leben sich,
Mein rinnend Blut in deine Brust ergossen.
Wo flammt im Herzen mir ein Opferherd,
Daß nicht der deine loderte daneben,
Von gleichen Landes lieber Luft genährt,
Von gleicher Freunde frommem Kreis umgeben?

Und heut, am Sankt Elisabethentag,
Vereinend uns mit gleichen Namens Banden,
Schlug ich bedächtig im Kalender nach,
Welch' Heilige am Taufborn uns gestanden;
Da fand ich eine königliche Frau,
Die ihre milde Segenshand gebreitet,
Und eine Patriarchin, ernst und grau,
Nur wert um den, des Wege sie bereitet.

Fast war es mir, als ob dies Doppelbild
Mit strengem Mahnen strebe uns zu trennen,
Als woll' es dir die Fürstin zart und mild,
Mir nur die ernste Hüterin vergönnen;
Doch – lächle nicht – ich hab' mich abgekehrt,
Bin fast verschämt zur Seite dir getreten;
Nun wähle, Lieb, und die du dir beschert,
Zu der will ich, als meiner Heil'gen beten.

EIN SOMMERTAGSTRAUM

Im tiefen West der Schwaden grollte,
Es stand die Luft, ein siedend Meer,
An meines Fensters Vorhang rollte
Die Sonnenkugel, glüh und schwer;
Und wie ein Kranker, lang gestreckt,
Lag ich auf grünen Sophakissen,
Das Haupt von wüstem Schmerz zerrissen,
Die Stirne fieberhaft gefleckt.

Um mich Geschenke, die man heute
Zu meinem Wiegenfest gesandt,
Denare, Schriften, Meeres Beute,
Ich hab' mich schnöde abgewandt;
Zum Tode matt und schlafberaubt
Studiert' ich der Gardine Bauschen
Und horchte auf des Blutes Rauschen
Und Klingeln im betäubten Haupt.

Zuweilen dehnte sich ein Murren
Den Horizont entlang, es schlich
Am Hag' ein Rieseln und ein Surren,
Wie flatternder Libelle Strich;
Betäubend zog Resedaduft
Durch des Balkones offne Türen,
In jeder Nerve war zu spüren
Die schwefelnde Gewitterluft.

Da plötzlich schien sich aufzurichten
Am Fensterrahm ein Schattenwall,
Und mählich schob die dunklen Schichten
Er näher an den glühen Ball.
Durch der Gardine Spalten zog
Ein frischer Hauch, ich schloß die Augen,
Um tiefer, tiefer einzusaugen,
Was leise spielend mich umflog.

Genau vernahm ich noch das Rucken
Des flatternden Papiers, das Licht
Der Stufe sah ich schmerzend zucken;
Ob ich entschlief? mich dünkt es nicht.
Doch schneller schien am Autograph
Das dürre Züngelchen zu wehen,
Ein glitzernd Aug' der Stein zu drehen,
Die Muschel dehnte sich im Schlaf.

Und nächt'ger Mücke zu vergleichen
Umsäuselte mich halber Klang,
Am Teppich schien es sacht zu streichen
Und lief des Polsters Saum entlang,

Wie wenn im zitternden Papier
Der Fliege zarte Füßchen irren;
Und heller, feiner aus dem Schwirren
Drang es wie Wortes Hauch zu mir:

Das Autograph

Pst! – St! – ja, ja,
Das mocht' eine Pracht noch heißen,
Als ich am Ärmel sah
Die goldenen Tressen gleißen!
Wie waren die Hände weiß und weich,
Wie funkelten die Demanten!
Wie schwammen drüber, so duftig, reich,
Die breiten Brüsseler Kanten!

Das waren Bilder und Lockenpracht,
Wie mähnige Leun in Rahmen!
Das Vasen! wo in der Galatracht
Spazierten schäfernde Damen!
Und, o, das war eine Blumensee,
Ein farbiges Blütengewimmel!
Das eine berauschende Äthernäh'
Von heißem südlichem Himmel!

Pst! – St! – ich duckt' in meinem Fach,
Pst! – still – wie Vögel im Nest,
Und ward am Gitter die Brise wach,
Dann ruschelt' ich mit dem West.
O, o! der war auch ein Vagabund:

Von Bogen flog er zu Bogen,
Hat aus der Siegel Granatenmund
Säuselnde Küsse gesogen.

Pst! – drunten, hart an meiner Klaus'
Ein Tisch auf güldenen Krallen;
Und wispelte ich zu weit hinaus,
Ich wär' auf den Amor gefallen;
Der stand, einen Köcher in jeder Hand,
Wie sinnend auf lustige Finte,
Das Haupt gewendet vom stäubenden Sand,
Und spiegelte sich in der Tinte.

Sieh! drüben der Türen Paneele, breit
Geschmückt mit schimmernden Leisten!
Wie hab' ich geflattert und mich gefreut,
Wenn leise knarrend sie gleißten!
Dann kam das Ding – ein Mann? – ein Greis? –
Nie konnte ich satt mich schauen,
Daß seine Lockenkaskaden so weiß,
So glänzend schwarz seine Brauen!

Schrieb, schrieb, daß die Feder knirrt' und bog,
Lang lange schlängelnde Kette,
Und sachte über den Marmor zog
Und schleifte sich die Manschette.
Das summt' und säuselte mir wie Traum,
Wie surrender Bienen Lesen,
Als sei ich einst ein seidener Schaum,
Eine Spitzenmanschette gewesen.

Pst! – stille, – sieh, ein Andrer! – sieh!
Wie schütteln des Schreibers Locken!
Er beugt und schlenkert sich bis ans Knie,
Schlürft und schleicht wie auf Socken.
Ha! es zupft mich, – ich falle, ich falle! –
Da liege ich hülflos gebreitet,
Und über mich die tintige Galle
Wie Würmer krimmelt und gleitet.

Licht! Leben! durch die Fasern gießt
Gleich Ichor sich der Menschengeist;
Wie's droben tönt, die Spalte fließt,
Gedankenwelle schwillt und kreißt.
»Viva!« – ein König wird gegrüßt –
Es fault im Mark, die Rinde gleißt.
Und Schiffe, schwer von Proviant,
Ziehn übers Meer vom Nordenstrand.

Ich zittre, zittre; jenes Fremden Auge,
Lichtblau und klar, ist über mich gebeugt;
Ob es den Geist mir aus den Fasern sauge?
Ich weiß es nicht, sein Blinzen sinkt und steigt,
Ein Auge scharf wie Scheidewassers Lauge! –
Er streicht die Brauen, faßt die Feder leicht –
Nun schlängelt er – nun drunten steht es da:
»Theodor' il primo, re di Corsica.«

Pst! still! – der König spricht, Denar, halt Ruh!
Was schaukelst dich, was klimperst du?

Der Denar

O! über deinen König! ganz dir gleich,
Du glattgeschlagner Lumpen, o, sein Reich
Das Inselchen, des kärglichen Tribut
Lukull in *eine* Silberschüssel lud,
Gebannt in *eine* Perle Cäsars Hand
In der Ägypterfürstin Locken wand.
Du, zitternd vor Satrapenblicke, fahl
Wärst du zerstäubt vor seiner Augen Strahl,
Wenn langsam übers Forum im Triumph
Das Viergespann ihn rollte; hörst du dumpf,
Wie halberwachter Donner oder Spülen
Der Brandung, Pöbelwoge ziehn und wühlen,
Um die Quadriga summend, wie im Nahn
Prüft seine Stimme murrend der Orkan?
»Heil, Cäsar, Heil!« um seine kahle Stirn
Ragt Lorbeer, wie die Ficht' um Klippenfirn;
Er lächelt, und aus seinem Lächeln fließet
Ein leise schläfernd Gift, o Roma, dir,
Sein halbgeschloßnes Auge Fäden schießet,
Ein unzerreißbar Netz. – Gebückt und stier,
Zerzausten Haares, vor den Rossen klirrt
Endloser Gallierzug, die Fesseln schleifen,
Und aus der Pöbelwelle gellt und schwirrt
Gezisch, Gejubel, Cymbelklang und Pfeifen.
Denare fliegen aus des Siegers Hand,
Ha, wie es krabbelt im Arenasand! –
Der Imperator nickt und klingelt fort.
Noch lieg' ich unberührt im Byssusbeutel, –
Was steigt so schwarz am Kapitole dort?

Es dunkelt, dunkelt; – über Cäsars Scheitel
Ein Riesenaar mit Flügelrauschen steigt,
Die Sonne schwindet – doch ein Leuchten streicht
Um der Liktoren Beile – wieder itzt –
Sie zucken, schwenken sich – es blitzt! – es blitzt!

Die Erzstufe

Ja Blitze, Blitze! der Schwaden drängt
Giftiges Gas am Risse hinaus,
Auf einem Blitze bin ich gesprengt
Aus meinem funkelnden Kellerhaus.
O, wie war ich zerbrochen und krank,
Wie rieselt's mir über die blanke Haut,
Wenn langsam schwellend der Tropfen sank,
Des Zuges Schneide mich angegraut!

Kennst du den Bergmönch, den braunen Schelm,
Dem auf der Schulter das Antlitz kreist?
Schwarz und rauh wie ein rostiger Helm,
Wie die Grubenlampe sein Auge gleißt.
O, er ist böse, tückisch und schlimm!
Mit dem Gezähe hackt er am Spalt,
Bis das schwefelnde Wetter im Grimm
Gegen die weichende Rinde schwallt.

Steiger, bete! du armer Knapp',
Dem in der Hütte das Kindlein zart,
Betet! betet! eh ihr hinab,
Eh zum letzten Male vor Ort ihr fahrt.

Sieben Nächte hab' ich gesehn
Wie eine Walze rollen den Nacken
Und die Augen funkeln und drehn
Und das Gezähe schürfen und hacken.

Dort, dort hinter dem reichen Gang
Lauert der giftige Brodem; da,
Wo der Kobold den Hammer schwang,
Wo ich am Bruche ihn schnuppern sah.
Gleich dem Molche von Dunste trunken
Schwoll und wackelt' der Gnom am Grund,
Und des Gases knisternde Funken
Zogen in seinen saugenden Schlund.

Bete, Steiger, den Morgenpsalm
Einmal noch und dein »walt's Gott«,
Deinen Segen gen Wetters Qualm,
Gäh Verscheiden und Teufelsrott'.
Schau noch einmal ins Angesicht
Deinem Töchterchen, deinem Weib,
Und dann zünde das Grubenlicht.
»Gott die Seele, dem Schacht der Leib!«

Sie sind vor Ort, die Lämpchen rund
Wie Irrwischflämmchen aufgestellt.
Die Winde keucht, es rollt der Hund,
Der Hammer pickt, die Stufe fällt,
An Bleigewürfel, Glimmerspat
Zerrinnend, malt der kleine Strahl
In seiner Glorie schwimmend Rad
Sich Regenbogen und Opal.

Die Winde keucht, es rollt der Hund. –
Hörst du des Schwadens Sausen nicht?
Wie Hagel bröckelt es zum Grund –
Der Hammer pickt, die Stufe bricht; –
Weh, weh! es zündet, flammt hinein!
Hinweg! es schmettert aus der Höh'!
Felsblöcke, zuckendes Gebein!
Wo bin ich? – bin ich? – auf der See?
Und welch' Geriesel – immer immerzu,
Wie Regentropfen, – regnet's?

Die Muschel

Su, susu,
O, schlaf im schimmernden Bade,
Hörst du sie plätschern und rauschen,
Meine hüpfende blanke Najade?
Ihres Haares seidenen Tang
Über der Schultern Perlenschaum;
Horch! sie singt den Wellengesang,
Süß wie Vögelein, zart wie Traum:

»Webe, woge, Welle, wie
Westes Säuselmelodie,
Wie die Schwalbe übers Meer
Zwitschernd streicht von Süden her,
Wie des Himmels Wolken tauen
Segen auf des Eilands Auen,
Wie die Muschel knirrt am Strand,
Von der Düne rieselt Sand.«

»Woge, Welle, sachte, sacht,
Daß der Triton nicht erwacht.
In der Hand das plumpe Horn,
Schlummert er am Strudelborn.
In der Muschelhalle liegt er,
Seine grünen Zöpfe wiegt er;
Ries'le, Woge, Sand und Kies,
In des Bartes zottig Vließ.«

»Leise, leise, Wellenkreis,
Wie des Liebsten Ruder leis
Streift dein leuchtend Glas entlang
Zu dem nächtlich süßen Gang;
Wenn das Boot, im Strauch geborgen,
Tändelt, schaukelt bis zum Morgen.
In der Kammer flimmert Licht;
Ruhig, Kiesel, knistert nicht!«

Das Lied verhaucht, wie Echo am Gestade,
Und leiser, leiser wiegt sich die Najade,
Beginnt ihr strömend Flockenhaar zu breiten,
Läßt vom Korallenkamm die Tropfen gleiten,
Und sachte strählend schwimmt sie, wie ein Hauch,
Im Strahl, der dämmert durch den Nebelrauch;
Wie glänzt ihr Regenbogenschleier! – o,
Die Sonne steigt, das Meer beginnt zu zittern –
Ein Silbernetz von Myriaden Flittern!
Mein Auge zündet sich – wo bin ich? – wo?

Tief atmend saß ich auf, aus Westen
Bohrte der schräge Sonnenstrahl;

Es tropft' und rieselt' von den Ästen,
Die Lerche stieg im Äthersaal;
Vom blanken Erzgewürfel traf
Mein Aug' ein Leuchten, schmerzlich flirrend,
Und in des Zuges Hauche schwirrend
Am Boden lag das Autograph.

So hab' ich Donner, Blitz und Regenschauer
Verträumt, in einer Sommerstunde Dauer.

MEINE STRÄUSSE

So oft mir ward eine liebe Stund'
Unterm blauen Himmel im Freien,
Da habe ich, zu des Gedenkens Bund,
Mir Zeichen geflochten mit Treuen:
Einen schlichten Kranz, einen wilden Strauß,
Ließ drüber die Seele wallen;
Nun stehe ich einsam im stillen Haus
Und sehe die Blätter zerfallen.

Vergißmeinnicht mit dem Rosaband –
Das waren dämmrige Tage,
Als euch entwandte der Freundin Hand
Dem Weiher drüben am Hage;
Wir schwärmten in wirrer Gefühle Flut,
In sechzehnjährigen Schmerzen;
Nun schläft sie lange. – Sie war doch gut,
Ich liebte sie recht von Herzen!

Gar weite Wege hast du gemacht,
Kamelia, staubige Schöne,
In deinem Kelche die Flöte wacht,
Trompeten und Cymbelgetöne;
Wie zitterten durch das grüne Revier
Buntfarbige Lampen und Schleier!
Da brach der zierliche Gärtner mir
Den Strauß beim bengalischen Feuer.

Dies Alpenröschen nährte mit Schnee
Ein eisgrau starrender Riese;
Und diese Tange entfischt' ich der See
Aus Muschelgescherbe und Kiese;
Es war ein volles, gesegnetes Jahr,
Die Trauben hingen gleich Pfunden,
Als aus der Rebe flatterndem Haar
Ich diesen Kranz mir gewunden.

Und ihr, meine Sträuße von wildem Heid,
Mit lockerm Halme geschlungen,
O süße Sonne, o Einsamkeit,
Die uns redet mit heimischen Zungen!
Ich hab' sie gepflückt an Tagen so lind,
Wenn die goldenen Käferchen spielen,
Dann fühlte ich mich meines Landes Kind,
Und die fremden Schlacken zerfielen.

Und wenn ich grüble an meinem Teich,
Im duftigen Moose gestrecket,
Wenn aus dem Spiegel mein Antlitz bleich
Mit rieselndem Schauer mich necket,

Dann lang' ich sachte, sachte hinab
Und fische die träufelnden Schmehlen;
Dort hängen sie, drüben am Fensterstab,
Wie arme vertrocknete Seelen.

So mochte ich still und heimlich mir
Eine Zauberhalle bereiten,
Wenn es dämmert, dort, und drüben, und hier
Von den Wänden seh' ich es gleiten;
Eine Fei entschleicht der Kamelia sich,
Liebesseufzer stöhnet die Rose,
Und wie Blutes Adern umschlingen mich
Meine Wasserfäden und Moose.

DIE TAXUSWAND

Ich stehe gern vor dir,
Du Fläche schwarz und rauh,
Du schartiges Visier
Vor meines Liebsten Brau',
Gern mag ich vor dir stehen,
Wie vor grundiertem Tuch,
Und drüber gleiten sehen
Den bleichen Krönungszug;

Als mein die Krone hier,
Von Händen, die nun kalt;
Als man gesungen mir
In Weisen, die nun alt;
Vorhang am Heiligtume,

Mein Paradiesestor,
Dahinter alles Blume,
Und alles Dorn davor.

Denn jenseits weiß ich sie,
Die grüne Gartenbank,
Wo ich das Leben früh
Mit glühen Lippen trank,
Als mich mein Haar umwallte
Noch golden wie ein Strahl,
Als noch mein Ruf erschallte,
Ein Hornstoß, durch das Tal.

Das zarte Efeureis,
So Liebe pflegte dort,
Sechs Schritte – und ich weiß,
Ich weiß dann, daß es fort.
So will ich immer schleichen
Nur an dein dunkles Tuch
Und achtzehn Jahre streichen
Aus meinem Lebensbuch.

Du starrtest damals schon
So düster treu wie heut,
Du, unsrer Liebe Thron
Und Wächter manche Zeit;
Man sagt, daß Schlaf, ein schlimmer,
Dir aus den Nadeln raucht –
Ach, wacher war ich nimmer,
Als rings von dir umhaucht!

Nun aber bin ich matt
Und möcht' an deinem Saum
Vergleiten, wie ein Blatt,
Geweht vom nächsten Baum;
Du lockst mich wie ein Hafen,
Wo alle Stürme stumm:
O, schlafen möcht' ich, schlafen,
Bis meine Zeit herum!

NACH FÜNFZEHN JAHREN

Wie hab' ich doch so manche Sommernacht,
Du düstrer Saal, in deinem Raum verwacht!
Und du, Balkon, auf dich bin ich getreten,
Um leise für ein teures Haupt zu beten,
Wenn hinter mir aus des Gemaches Tiefen
Wie Hilfewimmern bange Seufzer riefen,
Die Odemzüge aus geliebtem Mund;
Ja, bitter weint' ich – o Erinnerung! –
Doch trug ich mutig es, denn ich war jung,
War jung noch und gesund.

Du Bett mit seidnem Franzenhang geziert,
Wie oft hab' deine Falten ich berührt,
Mit leiser, leiser Hand gehemmt ihr Rauschen,
Wenn ich mich beugte durch den Spalt zu lauschen,
Mein Haupt so müde, daß es schwamm wie trunken,
So matt mein Knie, daß es zum Grund gesunken!
Mechanisch löste ich der Zöpfe Bund
Und sucht' im frischen Trunk Erleichterung;

Ach, Alles trägt man leicht, ist man nur jung,
Nur jung noch und gesund!

Und als die Rose, die am Stock erblich,
Sich wieder auf die kranke Wange schlich,
Wie hab' ich an dem Pfeilertische drüben
Dem Töchterchen geringelt seine lieben
Goldbraunen Löckchen! wie ich mich beflissen,
Eh ich es führte an der Mutter Kissen!
Und gute Sitte flüstert' ich ihm ein,
Gelobte ihm die Fabel von dem Schaf
Und sieben Zicklein, wenn es wolle brav,
Recht brav und sittig sein.

Und dort die Hütte in der Tannenschlucht,
Da naschten sie und ich der Rebe Frucht,
Da fühlten wir das Blut so keimend treiben.
Als müss' es immer frisch und schäumend bleiben;
Des Überstandnen lachten wir im Hafen:
Wie ich geschwankt, wie stehend ich geschlafen;
Und wandelten am Rasenstreifen fort,
Und musterten der Stämmchen schlanke Reihn,
Und schwärmten, wie es müsse reizend sein
Nach fünfzehn Jahren dort!

O fünfzehn Jahre, lange öde Zeit!
Wie sind die Bäume jetzt so starr und breit!
Der Hütte Tür vermocht' ich kaum zu regen,
Da schoß mir Staub und wüst Gerüll entgegen,
Und an dem blanken Gartensaale drüben,
Da steht 'ne schlanke Maid mit ihrem Lieben,

Die schaun sich lächelnd in der Seele Grund,
In ihren braunen Locken rollt der Wind;
Gott segne dich, du bist geliebt, mein Kind,
Bist fröhlich und gesund!

Sie aber, die vor Lustern dich gebar,
Wie du so schön, so frisch und jugendklar,
Sie steht mit Einer an des Parkes Ende
Und drückt zum Scheiden ihr die bleichen Hände,
Mit Einer, wie du nimmer möchtest denken,
So könne deiner Jugend Flut sich senken;
Sie schaun sich an, du nennst vielleicht es kalt,
Zwei starre Stämme, aber sonder Wank
Und sonder Tränenquell, denn sie sind krank,
Ach, Beide krank und alt!

DIE UNBESUNGENEN

's gibt Gräber, wo die Klage schweigt
Und nur das Herz von innen blutet,
Kein Tropfen in die Wimper steigt
Und doch die Lava drinnen flutet;
's gibt Gräber, die wie Wetternacht
An unserm Horizonte stehn
Und alles Leben niederhalten,
Und doch, wenn Abendrot erwacht,
Mit ihren goldnen Flügeln wehn
Wie milde Seraphimgestalten.

Zu heilig sind sie für das Lied,
Und mächt'ge Redner doch vor allen,
Sie nennen dir, was nimmer schied,
Was nie und nimmer kann zerfallen;
O, wenn dich Zweifel drückt herab,
Und möchtest atmen Ätherluft,
Und möchtest schauen Seraphsflügel,
Dann tritt an deines Vaters Grab!
Dann tritt an deines Bruders Gruft!
Dann tritt an deines Kindes Hügel!

DAS SPIEGELBILD

Schaust du mich an aus dem Kristall
Mit deiner Augen Nebelball,
Kometen gleich, die im Verbleichen;
Mit Zügen, worin wunderlich
Zwei Seelen wie Spione sich
Umschleichen, ja, dann flüstre ich:
Phantom, du bist nicht meinesgleichen!

Bist nur entschlüpft der Träume Hut,
Zu eisen mir das warme Blut,
Die dunkle Locke mir zu blassen;
Und dennoch, dämmerndes Gesicht,
Drin seltsam spielt ein Doppellicht,
Trätest du vor, ich weiß es nicht,
Würd' ich dich lieben oder hassen?

Zu deiner Stirne Herrscherthron,
Wo die Gedanken leisten Fron
Wie Knechte, würd' ich schüchtern blicken;
Doch von des Auges kaltem Glast,
Voll toten Lichts, gebrochen fast,
Gespenstig, würd', ein scheuer Gast,
Weit, weit ich meinen Schemel rücken.

Und was den Mund umspielt so lind,
So weich und hülflos wie ein Kind,
Das möcht' in treue Hut ich bergen;
Und wieder, wenn er höhnend spielt,
Wie von gespanntem Bogen zielt,
Wenn leis' es durch die Züge wühlt,
Dann möcht' ich fliehen wie vor Schergen.

Es ist gewiß, du bist nicht Ich,
Ein fremdes Dasein, dem ich mich
Wie Moses nahe, unbeschuhet,
Voll Kräfte, die mir nicht bewußt,
Voll fremden Leides, fremder Lust;
Gnade mir Gott, wenn in der Brust
Mir schlummernd deine Seele ruhet!

Und dennoch fühl' ich, wie verwandt,
Zu deinen Schauern mich gebannt,
Und Liebe muß der Furcht sich einen.
Ja, trätest aus Kristalles Rund,
Phantom, du lebend auf den Grund,
Nur leise zittern würd' ich, und
Mich dünkt – ich würde um dich weinen!

NEUJAHRSNACHT

Im grauen Schneegestöber blassen
Die Formen, es zerfließt der Raum,
Laternen schwimmen durch die Gassen,
Und leise knistert es im Flaum;
Schon naht des Jahres letzte Stunde,
Und drüben, wo der matte Schein
Haucht aus den Fenstern der Rotunde,
Dort ziehn die frommen Beter ein.

Wie zu dem Richter der Bedrängte,
Ob dessen Haupt die Wage neigt,
Noch einmal schleicht, eh der verhängte,
Der schwere Tag im Osten steigt,
Noch einmal faltet seine Hände
Um milden Spruch, so knien sie dort,
Still gläubig, daß ihr Flehen wende
Des Jahres ernstes Losungswort.

Ich sehe unter meinem Fenster
Sie gleiten durch den Nebelrauch,
Verhüllt und lautlos wie Gespenster,
Vor ihrer Lippe flirrt der Hauch;
Ein blasser Kreis zu ihren Füßen
Zieht über den verschneiten Grund,
Lichtfunken blitzen auf und schießen
Um der Laterne dunstig Rund.

Was mögen sie im Herzen tragen,
Wie manche Hoffnung, still bewacht!

Wie mag es unterm Vließe schlagen
So heiß in dieser kalten Nacht!
Fort keuchen sie, als möge fallen
Der Hammer, eh sie sich gebeugt,
Bevor sie an des Thrones Hallen
Die letzte Bittschrift eingereicht.

Dort hör' ich eine Angel rauschen,
Vernehmlich wird des Kindes Schrein,
Und die Gestalt – sie scheint zu lauschen,
Dann fürder schwimmt der Lampe Schein;
Noch einmal steigt sie, läßt die Schimmer
Verzittern an des Fensters Rand,
Gewiß, sie trägt ein Frauenzimmer
Und einer Mutter fromme Hand!

Nun stampft es rüstig durch die Gasse,
Die Decke kracht vom schweren Tritt,
Der Krämer schleppt die Sündenmasse
Der bösen Zahler keuchend mit;
Und hinter ihm wie eine Docke
Ein armes Kind im Flitterstaat,
Mit seidnem Fähnchen, seidner Locke,
Huscht frierend durch den engen Pfad.

Ha, Schellenklingeln längs der Stiege!
Glutaugen richtend in die Höh',
'Ne kolossale Feuerfliege,
Rauscht die Karosse durch den Schnee;
Und Dämpfe qualmen auf und schlagen
Zurück vom Wirbel des Gespanns;

Ja, schwere Bürde trägt der Wagen,
Die Wünsche eines reichen Manns!

Und hinter ihm ein Licht so schwankend,
Der Träger tritt so sachte auf,
Nun lehnt er an der Mauer, wankend,
Sein hohler Husten schallt hinauf;
Er öffnet der Laterne Reifen,
Es zupfen Finger lang und fahl
Am Dochte, Odemzüge pfeifen, –
Du, Armer, kniest zum letztenmal.

Dann Licht an Lichtern längs der Mauer,
Wie Meteore irr geschart,
Ein krankes Weib in tiefer Trauer,
Husaren mit bereiftem Bart,
In Filz und Kittel stämm'ge Bauern,
Den Rosenkranz in starrer Faust,
Und Mädchen, die wie Falken lauern,
Von Mantels Fittichen umsaust.

Wie oft hab' ich als Kind im Spiele
Gelauscht den Funken im Papier,
Der Sternchen zitterndem Gewühle,
Und: »Kirchengänger!« sagten wir;
So seh' ich's wimmeln um die Wette
Und löschen, wo der Pfad sich eint,
Nachzügler noch, dann grau die Stätte,
Nur einsam die Rotunde scheint.

Und mählich schwellen Orgelklänge
Wie Heroldsrufe an mein Ohr:
Knie nieder, Lässiger, und dränge
Auch deines Herzens Wunsch hervor!
»Du, dem Jahrtausende verrollen
Sekundengleich, erhalte mir
Ein mutig Herz, ein redlich Wollen
Und Fassung an des Grabes Tür.«

Da, horch! – es summt durch Wind und Schloßen,
Gott gnade uns, hin ist das Jahr!
Im Schneegestäub' wie Schnee zerflossen,
Zukünftiges wird offenbar;
Von allen Türmen um die Wette
Der Hämmer Schläge, daß es schallt,
Und mit dem letzten ist die Stätte
Gelichtet für den neuen Wald.

DER TODESENGEL

's gibt eine Sage, daß wenn plötzlich matt'
Unheimlich Schaudern Einen übergleite,
Daß dann ob seiner künft'gen Grabesstatt
Der Todesengel schreite.

Ich hörte sie und malte mir ein Bild
Mit Trauerlocken, mondbeglänzter Stirne,
So schaurig schön, wie's wohl zuweilen quillt
Im schwimmenden Gehirne.

In seiner Hand sah ich den Ebenstab
Mit leisem Strich des Bettes Lage messen,
– So weit das Haupt – so weit der Fuß – hinab!
Verschüttet und vergessen!

Mich graute, doch ich sprach dem Grauen Hohn,
Ich hielt das Bild in Reimes Netz gefangen,
Und frevelnd wagt' ich aus der Totenkron'
Ein Lorbeerblatt zu langen.

O, manche Stunde denk' ich jetzt daran,
Fühl' ich mein Blut so matt und stockend schleichen,
Schaut aus dem Spiegel mich ein Antlitz an –
Ich mag es nicht vergleichen; –

Als ich zuerst dich auf dem Friedhof fand,
Tiefsinnig um die Monumente streifend,
Den schwarzen Ebenstab in deiner Hand
Entlang die Hügel schleifend;

Als du das Auge hobst, so scharf und nah,
Ein leises Schaudern plötzlich mich befangen,
O wohl, wohl ist der Todesengel da
Über mein Grab gegangen!

WAS BLEIBT

Seh' ich ein Kind zur Weihnachtsfrist,
Ein rosig Kind mit Taubenaugen
Die Kunde von dem kleinen Christ

Begierig aus den Lippen saugen,
Aufhorchen, wenn es rauscht im Tann,
Ob draußen schon sein Pferdchen schnaube:
»O Unschuld, Unschuld«, denk' ich dann,
»Du zarte, scheue, flücht'ge Taube!«

Und als die Wolke kaum verzog,
Studenten klirrten durch die Straßen,
Und: »Vivat Bonna!« donnert's hoch,
So keck und fröhlich sonder Maßen;
Sie scharten sich wie eine Macht,
Die gegen den Koloß sich bäume:
»O Hoffnung«, hab' ich da gedacht,
»Wie bald zerrinnen Träum' und Schäume!«

Und ihnen nach ein Reiter stampft,
Geschmückt mit Kreuz und Epaulette,
Den Tschako lüftet er, es dampft
Wie Öfen seines Scheitels Glätte;
Kühn war der Blick, der Arm noch stramm
Doch droben schwebt' der Zeitenrabe:
Da schien mir Kraft ein Meeresdamm,
Den jeder Pulsschlag untergrabe.

Und wieder durch die Gasse zog
Studentenhauf, und vor dem Hause
Des Rektors dreimal »Hurra hoch!«
Und wieder »Hoch!« – aus seiner Klause,
In Zipfelmütze und Flanell,
Ein Schemen nickt am Fensterbogen.
»Ha«, dacht' ich, »Ruhm, du Mordgesell,
Kömmst nur als Leichenhuhn geflogen!«

An meine Wange haucht' es dicht,
Und wie das Haupt ich seitwärts regte,
Da sah ich in das Angesicht
Der Frau, die meine Kindheit pflegte,
Dies Antlitz, wo Erinnerung
Und werte Gegenwart sich paaren:
»O Liebe«, dacht' ich, »ewig jung
Und ewig frisch bei grauen Haaren!«

DICHTERS NATURGEFÜHL

Es war an einem jener Tage,
Wo Lenz und Winter sind im Streit,
Wo naß das Veilchen klebt am Hage,
Kurz, um die erste Maienzeit;
Ich suchte keuchend mir den Weg
Durch sumpf'ge Wiesen, dürre Raine,
Wo matt die Kröte hockt' am Steine,
Die Eidechs schlüpfte übern Steg.

Durch hundert kleine Wassertruhen,
Die wie verkühlter Spülicht stehn,
Zu stelzen mit den Gummischuhen,
Bei Gott, heißt das Spazierengehn?
Natur, wer auf dem Haberrohr
In Jamben, Stanzen, süßen Phrasen
So manches Loblied dir geblasen,
Dem stell dich auch manierlich vor!

Da ließ zurück den Schleier wehen
Die eitle vielbesungne Frau,
Als fürchte sie des Dichters Schmähen;
Im Sonnenlichte stand die Au,
Und bei dem ersten linden Strahl
Stieg eine Lerche aus den Schollen
Und ließ ihr Tirilirum rollen
Recht wacker durch den Äthersaal.

Die Quellchen, glitzernd wie kristallen, –
Die Zweige, glänzend emailliert –
Das kann dem Kenner schon gefallen,
Ich nickte lächelnd: »Es passiert!«
Und stapfte fort in eine Schluft,
Es war ein still und sonnig Fleckchen,
Wo tausend Anemonenglöckchen
Umgaukelten des Veilchens Duft.

Das üpp'ge Moos – der Lerchen Lieder –
Der Blumen Flor – des Krautes Keim –
Auf meinen Mantel saß ich nieder
Und sann auf einen Frühlingsreim.
Da – alle Musen, welch ein Ton! –
Da kam den Rain entlang gesungen
So eine Art von dummem Jungen,
Der Friedrich, meines Schreibers Sohn.

Den Efeukranz im flächsnen Haare,
In seiner Hand den Veilchenstrauß,
So trug er seine achtzehn Jahre
Romantisch in den Lenz hinaus.

Nun schlüpft er durch des Hagens Loch,
Nun hing er an den Dornenzwecken
Wie Abrams Widder in den Hecken,
Und in den Dornen pfiff er noch.

Bald hatt' er beugend, gleitend, springend,
Den Blumenanger abgegrast
Und rief nun, seine Mähnen schwingend:
»Viktoria, Trompeten, blast!«
Dann flüstert er mit süßem Hall:
»O, wären es die schwed'schen Hörner!«
Und dann begann ein Lied von Körner;
Fürwahr, du bist 'ne Nachtigall!

Ich sah ihn, wie er an dem Walle
Im feuchten Moose niedersaß
Und nun die Veilchen, Glöckchen alle
Mit sel'gem Blick zu Sträußen las,
Auf seiner Stirn den Sonnenstrahl;
Mich faßt' ein heimlich Unbehagen,
Warum? ich weiß es nicht zu sagen,
Der fade Bursch war mir fatal.

Noch war ich von dem blinden Hessen
Auf meinem Mantel nicht gesehn,
Und so begann ich zu ermessen,
Wie übel ihm von Gott geschehn;
O Himmel, welch ein traurig Los,
Das Schicksal eines dummen Jungen,
Der zum Kopisten sich geschwungen
Und auf den Schreiber steuert los!

Der in den kargen Feierstunden
Romane von der Zofe borgt,
Beklagt des Löwenritters Wunden
Und seufzend um den Posa sorgt,
Der seine Zelle, kalt und klein,
Schmückt mit Aladdins Zaubergabe
Und an dem Quell, wie Schillers Knabe,
Violen schlingt in Kränzelein!

In dessen wirbelndem Gehirne
Das Leben spukt gleich einer Fei,
Der – hastig fuhr ich an die Stirne:
»Wie, eine Mücke schon im Mai?«
Und trabte zu der Schlucht hinaus,
Hohl hustend, mit beklemmter Lunge,
Und drinnen blieb der dumme Junge
Und pfiff zu seinem Veilchenstrauß!

DER TEETISCH

Leugnen willst du Zaubertränke,
Lachst mir höhnisch in die Zähne,
Wenn Isoldens ich gedenke,
Wenn Gudrunens ich erwähne?

Und was deine kluge Amme
In der Dämmrung dir vertraute,
Von Schneewittchen und der Flamme,
Die den Hexenschwaden braute;

Alles will dir nicht genügen,
Überweiser Mückensieber?
Nun, so laß die Feder liegen,
Schieb dich in den Zirkel, Lieber,

Wo des zopfigen Chinesen
Trank im Silberkessel zischet,
Sein Aroma auserlesen
Mit des Patschuls Düften mischet;

Wo ein schöner Geist, den Bogen
Feingefältelt in der Tasche,
Lauscht, wie in den Redewogen
Er das Steuer sich erhasche;

Wo in zarten Händen hörbar
Blanke Nadelstäbe knittern,
Und die Herren stramm und ehrbar
Breiten ihrer Weisheit Flittern.

Alles scheint dir noch gewöhnlich,
Von der Sohle bis zum Scheitel,
Und du rufst, dem Weisen ähnlich:
»Alles unterm Mond ist eitel!«

Dir genüber und zur Seite
Hier Christinos, dort Carlisten,
Lauter ordinäre Leute,
Deutsche Michel, gute Christen!

Aber sieh die weißen schmalen
Finger sich zum Griff bereiten
Und die dampfumhüllten Schalen
Zierlich an die Lippen gleiten:

Noch Minuten – und die Stube
Ist zum Kiosk umgestaltet,
Wo der tränenreiche Bube,
Der Chinese, zaubernd waltet;

Von der rosenfarbnen Rolle
Liest er seine Zauberreime,
Verse, zart wie Seidenwolle,
Süß wie Jungfernhonigseime;

»Ting, tang, tong« – das steigt und sinket,
Welch Gesäusel, welches Zischen!
Wie ein irres Hündlein hinket
Noch ein deutsches Wort dazwischen.

Und die süßen Damen lächeln,
Leise schaukelnde Pagoden;
Wie sie nicken, wie sie fächeln,
Wie der Knäuel hüpft am Boden!

Aber weh, nun wird's gefährlich,
»Tschi, tsi, tsung« – die Töne schneiden,
Schnell hinweg die Messer! schwerlich
Übersteht er solche Leiden;

Denn er schaukelt und er dehnet
Ob der Zauberschale Rauche;
Weh', ich fürcht', am Boden stöhnet
Bald er mit geschlitztem Bauche!

Und die eingeschreckten Frauen
Sitzen stumm und abgetakelt,
Nur das schwanke Haupt vor Grauen
Noch im Pendelschwunge wackelt;

Tiefe Stille im Gemache –
Trän' im Auge – Kummermiene –
Und wie Glöckchen an dem Dache
Spielt die siedende Maschine;

Alle die gesenkten Köpfe
Blinzelnd nach des Tisches Mitten,
Wo die Brezel stehn, wie Zöpfe,
In Verzweiflung abgeschnitten;

Suche sacht nach deinem Hute,
Freund, entschleiche unserm Lesen,
Sonst, ich schwör's bei meinem Blute,
Zaubern sie dich zum Chinesen.

Löst sich deines Frackes Wedel,
Unwillkürlich mußt du zischen,
Und von deinem weisen Schädel
Fühlst du Haar um Haar entwischen,

Bis dir blieb nur Eine Locke
Von des dunklen Wulstes Drängen,
Dich damit, lebend'ge Glocke,
An dem Kiosk aufzuhängen.

VORGESCHICHTE (SECOND SIGHT)

Kennst du die Blassen im Heideland,
Mit blonden flächsenen Haaren?
Mit Augen so klar, wie an Weihers Rand
Die Blitze der Welle fahren?
O, sprich ein Gebet, inbrünstig, echt,
Für die Seher der Nacht, das gequälte Geschlecht.

So klar die Lüfte, am Äther rein
Träumt nicht die zarteste Flocke,
Der Vollmond lagert den blauen Schein
Auf des schlafenden Freiherrn Locke,
Hernieder bohrend in kalter Kraft
Die Vampyrzunge, des Strahles Schaft.

Der Schläfer stöhnt, ein Traum voll Not
Scheint seine Sinne zu quälen,
Es zuckt die Wimper, ein leises Rot
Will über die Wange sich stehlen;
Schau, wie er woget und rudert und fährt,
Wie Einer, so gegen den Strom sich wehrt.

Nun zuckt er auf – ob ihm geträumt,
Nicht kann er sich dessen entsinnen –

Ihn fröstelt, fröstelt, ob's drinnen schäumt,
Wie Fluten zum Strudel rinnen;
Was ihn geängstet, er weiß es auch:
Es war des Mondes giftiger Hauch.

O Fluch der Heide, gleich Ahasver
Unterm Nachtgestirne zu kreisen!
Wenn seiner Strahlen züngelndes Meer
Aufbohret der Seele Schleusen,
Und der Prophet, ein verzweifelnd Wild,
Kämpft gegen das mählich steigende Bild.

Im Mantel schaudernd mißt das Parkett
Der Freiherr die Läng' und Breite,
Und wo am Boden ein Schimmer steht,
Weitaus er beuget zur Seite,
Er hat einen Willen und hat eine Kraft,
Die sollen nicht liegen in Blutes Haft.

Es will ihn krallen, es saugt ihn an,
Wo Glanz die Scheiben umgleitet,
Doch langsam weichend, Spann' um Spann',
Wie ein wunder Edelhirsch schreitet,
In immer engerem Kreis gehetzt,
Des Lagers Pfosten ergreift er zuletzt.

Da steht er keuchend, sinnt und sinnt,
Die müde Seele zu laben,
Denkt an sein liebes, einziges Kind,
Seinen zarten, schwächlichen Knaben,
Ob dessen Leben des Vaters Gebet
Wie eine zitternde Flamme steht.

Hat er des Kleinen Stammbaum doch
Gestellt an des Lagers Ende,
Nach dem Abendkusse und Segen noch
Drüber brünstig zu falten die Hände;
Im Monde flimmernd das Pergament
Zeigt Schild an Schilder, schier ohne End'.

Rechtsab des eigenen Blutes Gezweig,
Die alten freiherrlichen Wappen,
Drei Rosen im Silberfelde bleich,
Zwei Wölfe schildhaltende Knappen.
Wo Ros' an Rose sich breitet und blüht,
Wie überm Fürsten der Baldachin glüht.

Und links der milden Mutter Geschlecht,
Der Frommen in Grabeszellen,
Wo Pfeil' an Pfeile, wie im Gefecht,
Durch blaue Lüfte sich schnellen.
Der Freiherr seufzt, die Stirn gesenkt,
Und – steht am Fenster, bevor er's denkt.

Gefangen! gefangen im kalten Strahl!
In dem Nebelnetze gefangen!
Und fest gedrückt an der Scheib' Oval,
Wie Tropfen am Glase hangen,
Verfallen sein klares Nixenaug'
Der Heidequal in des Mondes Hauch.

Welch ein Gewimmel! – er muß es sehn,
Ein Gemurmel! er muß es hören,
Wie eine Säule, so muß er stehn,

Kann sich nicht regen noch kehren.
Es summt im Hofe ein dunkler Hauf,
Und einzelne Laute dringen hinauf.

Hei! eine Fackel! sie tanzt umher,
Sich neigend, steigend in Bogen,
Und nickend, zündend, ein Flammenheer
Hat den weiten Estrich umzogen.
All' schwarze Gestalten im Trauerflor,
Die Fackeln schwingen und halten empor.

Und alle gereihet am Mauerrand,
Der Freiherr kennet sie alle;
Der hat ihm so oft die Büchse gespannt,
Der pflegte die Ross' im Stalle,
Und der so lustig die Flasche leert,
Den hat er siebzehn Jahre genährt.

Nun auch der würdige Kastellan,
Die breite Pleureuse am Hute,
Den sieht er langsam, schlurfend nahn,
Wie eine gebrochene Rute;
Noch deckt das Pflaster die dürre Hand,
Versengt erst gestern an Herdes Brand.

Ha, nun das Roß! aus des Stalles Tür,
In schwarzem Behang und Flore;
O, ist's Achill, das getreue Tier?
Oder ist's seines Knaben Medore?
Er starret, starrt und sieht nun auch,
Wie es hinkt, vernagelt nach altem Brauch.

Entlang der Mauer das Musikchor,
In Krepp gehüllt die Posaunen,
Haucht prüfend leise Kadenzen hervor,
Wie träumende Winde raunen;
Dann alles still. O Angst! o Qual!
Es tritt der Sarg aus des Schlosses Portal.

Wie prahlen die Wappen, farbig grell
Am schwarzen Sammet der Decke.
Ha! Ros' an Rose, der Todesquell
Hat gespritzet blutige Flecke!
Der Freiherr klammert das Gitter an:
»Die andre Seite!« stöhnet er dann.

Da langsam wenden die Träger, blank
Mit dem Monde die Schilder kosen.
»O«, – seufzt der Freiherr – »Gott sei Dank!
Kein Pfeil, kein Pfeil, nur Rosen!«
Dann hat er die Lampe still entfacht
Und schreibt sein Testament in der Nacht.

DAS FRÄULEIN VON RODENSCHILD

Sind denn so schwül die Nächt' im April?
Oder ist so siedend jungfräulich Blut?
Sie schließt die Wimper, sie liegt so still
Und horcht des Herzens pochender Flut.
»O, will es denn nimmer und nimmer tagen?
O, will denn nicht endlich die Stunde schlagen?
Ich wache, und selbst der Zeiger ruht!

Doch horch! es summt, eins, zwei und drei –
Noch immer fort? – sechs, sieben und acht,
Elf, zwölf – o Himmel, war das ein Schrei?
Doch nein, Gesang steigt über der Wacht,
Nun wird mir's klar, mit frommem Munde
Begrüßt das Hausgesinde die Stunde,
An brach die hochheilige Osternacht.«

Seitab das Fräulein die Kissen stößt
Und wie eine Hinde vom Lager setzt,
Sie hat des Mieders Schleifen gelöst,
Ins Häubchen drängt sie die Locken jetzt,
Dann leise das Fenster öffnend, leise,
Horcht sie der mählich schwellenden Weise,
Vom wimmernden Schrei der Eule durchsetzt.

O dunkel die Nacht! und schaurig der Wind!
Die Fahnen wirbeln am knarrenden Tor –
Da tritt aus der Halle das Hausgesind'
Mit Blendlaternen und einzeln vor.
Der Pförtner dehnet sich, halb schon träumend,
Am Dochte zupfet der Jäger säumend,
Und wie ein Oger gähnet der Mohr.

Was ist? – wie das auseinander schnellt!
In Reihen ordnen die Männer sich,
Und eine Wacht vor die Dirnen stellt
Die graue Zofe sich ehrbarlich,
»Ward ich gesehn an des Vorhangs Lücke?
Doch nein, zum Balkone starren die Blicke,
Nun langsam wenden die Häupter sich.

O weh meine Augen! bin ich verrückt?
Was gleitet entlang das Treppengeländ?
Hab' ich nicht so aus dem Spiegel geblickt?
Das sind meine Glieder – welch ein Geblend'!
Nun hebt es die Hände, wie Zwirnes Flocken,
Das ist mein Strich über Stirn und Locken!
Weh, bin ich toll, oder nahet mein End'?«

Das Fräulein erbleicht und wieder erglüht,
Das Fräulein wendet die Blicke nicht,
Und leise rührend die Stufen zieht
Am Steingelände das Nebelgesicht,
In seiner Rechten trägt es die Lampe,
Ihr Flämmchen zittert über der Rampe,
Verdämmernd, blau, wie ein Elfenlicht.

Nun schwebt es unter dem Sternendom,
Nachtwandlern gleich in Traumes Geleit,
Nun durch die Reihen zieht das Phantom,
Und jeder tritt einen Schritt zur Seit'. –
Nun lautlos gleitet's über die Schwelle –
Nun wieder drinnen erscheint die Helle,
Hinauf sich windend die Stiegen breit.

Das Fräulein hört das Gemurmel nicht,
Sieht nicht die Blicke, stier und verscheucht,
Fest folgt ihr Auge dem bläulichen Licht,
Wie dunstig über die Scheiben es streicht.
– Nun ist's im Saale – nun im Archive –
Nun steht es still an der Nische Tiefe –
Nun matter, matter – ha! es erbleicht!

»Du sollst mir stehen! ich will dich fahn!«
Und wie ein Aal die beherzte Maid
Durch Nacht und Krümmen schlüpft ihre Bahn,
Hier droht ein Stoß, dort häkelt das Kleid,
Leis tritt sie, leise, o Geistersinne
Sind scharf! daß nicht das Gesicht entrinne!
Ja, mutig ist sie, bei meinem Eid!

Ein dunkler Rahmen, Archives Tor,
– Ha, Schloß und Riegel! – sie steht gebannt,
Sacht, sacht das Auge und dann das Ohr
Drückt zögernd sie an der Spalte Rand,
Tiefdunkel drinnen – doch einem Rauschen
Der Pergamente glaubt sie zu lauschen
Und einem Streichen entlang der Wand.

So niederkämpfend des Herzens Schlag,
Hält sie den Odem, sie lauscht, sie neigt –
Was dämmert ihr zur Seite gemach?
Ein Glühwurmleuchten – es schwillt, es steigt,
Und Arm an Arm, auf Schrittes Weite,
Lehnt das Gespenst an der Pforte Breite,
Gleich ihr zur Nachbarspalte gebeugt.

Sie fährt zurück – das Gebilde auch –
Dann tritt sie näher – so die Gestalt –
Nun stehen die beiden, Auge in Aug',
Und bohren sich an mit Vampyres Gewalt.
Das gleiche Häubchen decket die Locken,
Das gleiche Linnen, wie Schnees Flocken,
Gleich ordnungslos um die Glieder wallt.

Langsam das Fräulein die Rechte streckt,
Und langsam, wie aus der Spiegelwand,
Sich Linie um Linie entgegen reckt
Mit gleichem Rubine die gleiche Hand;
Nun rührt sich's – die Lebendige spüret,
Als ob ein Luftzug schneidend sie rühret,
Der Schemen dämmert – zerrinnt – entschwand.

Und wo im Saale der Reihen fliegt,
Da siehst ein Mädchen du, schön und wild,
– Vor Jahren hat's eine Weile gesiecht –
Das stets in den Handschuh die Rechte hüllt.
Man sagt, kalt sei sie wie Eises Flimmer,
Doch lustig die Maid, sie hieß ja immer:
»Das tolle Fräulein von Rodenschild.«

DAS WORT

Das Wort gleicht dem beschwingten Pfeil,
Und ist es einmal deinem Bogen
In Tändeln oder Ernst entflogen,
Erschrecken muß dich seine Eil'.

Dem Körnlein gleicht es, deiner Hand
Entschlüpft; wer mag es wiederfinden?
Und dennoch wuchert's in den Gründen
Und treibt die Wurzeln durch das Land.

Gleicht dem verlornen Funken, der
Vielleicht verlischt am feuchten Tage,

Vielleicht am milden glimmt im Hage,
Am dürren schwillt zum Flammenmeer.

Und Worte sind es doch, die einst
So schwer in deine Schale fallen:
Ist keins ein nichtiges von allen,
Um jedes hoffst du oder weinst.

O, einen Strahl der Himmelsau,
Mein Gott, dem Zagenden und Blinden!
Wie soll er Ziel und Acker finden?
Wie Lüfte messen und den Tau?

Allmächt'ger, der das Wort geschenkt,
Doch seine Zukunft uns verhalten,
Woll' selber deiner Gabe walten,
Durch deinen Hauch sei sie gelenkt!

Richte den Pfeil dem Ziele zu,
Nähre das Körnlein schlummertrunken!
Erstick ihn oder fach den Funken!
Denn, was da frommt, das weißt nur du.

CARPE DIEM!

Pflücke die Stunde, wär' sie noch so blaß,
Ein falbes Moos, vom Dunst des Moores naß,
Ein farblos Blümchen, flatternd auf der Heide;
Ach, einst von allem träumt die Seele süß,
Von allem, was ihr eigen, sie verließ,
Und mancher Seufzer gilt entflohnem Leide.

In Alles senkt sie Blutes Tropfen ein,
Legt Perlen aus dem heilig tiefsten Schrein
Bewußtlos, selbst in grauverhängte Stunden;
Steigt oft ein unklar Sehnen dir empor,
Du schaust vielleicht, wie durch Gewölkes Flor,
Nach Tagen, längst vergessen, doch empfunden.

Wer, der an seine Kinderzeit gedenkt,
Als die Vokabeln ihn in Not versenkt,
Wer möchte nicht ein Kind sein und sich grauen?
Ja, der Gefangene, der die Wand beschrieb,
Fühlt er nach Jahren Glückes nicht den Trieb,
Die alten Sprüche einmal noch zu schauen?

Wohl gibt es Stunden, die so ganz verhaßt,
Daß, dem Gedächtnis eine Centnerlast,
Wir ihren Schatten abzuwälzen sorgen;
Dann selten schickt sie uns des Himmels Zorn,
Und meistens ist darin ein gift'ger Dorn,
Der Moderwurm geheimer Schuld verborgen.

Drum, wer noch eines Blicks nach oben wert,
Der nehme, was an Liebem ihm beschert,
Die stolze wie die Stund' im schlichten Kleide;
Der schlürfe jeden stillen Tropfen Tau,
Und spiegelt drin sich nicht des Äthers Blau,
So lispelt drüber wohl die fromme Weide.

Freu dich an deines Säuglings Lächeln, freu
Dich an des Jauchzens ungewissem Schrei,
Mit dem er streckt die lustbewegten Glieder.

Wär' zehnmal stolzer auch, was dich durchweht,
Wenn er vor dir dareinst, ein Jüngling, steht,
Dein lächelnd Kindlein gibt er dir nicht wieder.

Freu dich des Freundes, eh zum Greis er reift,
Erfahrung ihm die kühne Stirn gestreift,
Von seiner Scheitel Grabesblumen wehen;
Freu dich des Greises, schau ihm lange nach,
In kurzem gäbst vielleicht du manchen Tag,
Um einmal noch das graue Haupt zu sehen.

O, wer nur ernst und fest die Stunde greift,
Den Kranz ihr auch von bleicher Locke streift,
Dem spendet willig sie die reichste Beute.
Doch wir, wir Toren, drängen sie zurück,
Vor uns die Hoffnung, hinter uns das Glück,
Und unsre Morgen morden unsre Heute.

DURCHWACHTE NACHT

Wie sank die Sonne glüh und schwer,
Und aus versengter Welle dann
Wie wirbelte der Nebel Heer
Die sternenlose Nacht heran! –
Ich höre ferne Schritte gehn –
Die Uhr schlägt Zehn.

Noch ist nicht alles Leben eingenickt,
Der Schlafgemächer letzte Türen knarren;
Vorsichtig in der Rinne Bauch gedrückt,

Schlüpft noch der Iltis an des Giebels Sparren,
Die schlummertrunkne Färse murrend nickt,
Und fern im Stalle dröhnt des Rosses Scharren,
Sein müdes Schnauben, bis, vom Mohn getränkt,
Sich schlaff die regungslose Flanke senkt.

Betäubend gleitet Fliederhauch
Durch meines Fensters offnen Spalt,
Und an der Scheibe grauem Rauch
Der Zweige wimmelnd Neigen wallt.
Matt bin ich, matt wie die Natur! –
Elf schlägt die Uhr.

O wunderliches Schlummerwachen, bist
Der zartren Nerve Fluch du oder Segen? –
's ist eine Nacht, vom Taue wach geküßt,
Das Dunkel fühl' ich kühl wie feinen Regen
An meine Wangen gleiten, das Gerüst
Des Vorhangs scheint sich schaukelnd zu bewegen,
Und dort das Wappen an der Decke Gips
Schwimmt sachte mit dem Schlängeln des Polyps.

Wie mir das Blut im Hirne zuckt!
Am Söller geht Geknister um,
Im Pulte raschelt es und ruckt,
Als drehe sich der Schlüssel um.
Und – horch! der Seiger hat gewacht!
's ist Mitternacht.

War das ein Geisterlaut? So schwach und leicht
Wie kaum berührten Glases schwirrend Klingen,

Und wieder wie verhaltnes Weinen steigt
Ein langer Klageton aus den Syringen,
Gedämpfter, süßer nun, wie tränenfeucht
Und selig kämpft verschämter Liebe Ringen; –
O Nachtigall, das ist kein wacher Sang,
Ist nur im Traum gelöster Seele Drang.

Da kollert's nieder vom Gestein!
Des Turmes morsche Trümmer fällt,
Das Käuzlein knackt und hustet drein;
Ein jäher Windesodem schwellt
Gezweig und Kronenschmuck des Hains; –
Die Uhr schlägt Eins.

Und drunten das Gewölke rollt und klimmt;
Gleich einer Lampe aus dem Hünenmale
Hervor des Mondes Silbergondel schwimmt,
Verzitternd auf der Gasse blauem Stahle;
An jedem Fliederblatt ein Fünkchen glimmt,
Und hell gezeichnet von dem blassen Strahle
Legt auf mein Lager sich des Fensters Bild,
Vom schwanken Laubgewimmel überhüllt.

Jetzt möcht' ich schlafen, schlafen gleich,
Entschlafen unterm Mondeshauch,
Umspielt vom flüsternden Gezweig,
Im Blute Funken, Funk' im Strauch
Und mir im Ohre Melodei; –
Die Uhr schlägt Zwei.

Und immer heller wird der süße Klang,
Das liebe Lachen; es beginnt zu ziehen
Gleich Bildern von Daguerre die Deck' entlang,
Die aufwärts steigen mit des Pfeiles Fliehen;
Mir ist, als seh' ich lichter Locken Hang,
Gleich Feuerwürmern seh' ich Augen glühen,
Dann werden feucht sie, werden blau und lind,
Und mir zu Füßen sitzt ein schönes Kind.

Es sieht empor, so fromm gespannt,
Die Seele strömend aus dem Blick;
Nun hebt es gaukelnd seine Hand,
Nun zieht es lachend sie zurück;
Und – horch! des Hahnes erster Schrei! –
Die Uhr schlägt Drei.

Wie bin ich aufgeschreckt, – o süßes Bild,
Du bist dahin, zerflossen mit dem Dunkel!
Die unerfreulich graue Dämmrung quillt,
Verloschen ist des Flieders Taugefunkel,
Verrostet steht des Mondes Silberschild,
Im Walde gleitet ängstliches Gemunkel,
Und meine Schwalbe an des Frieses Saum
Zirpt leise, leise auf im schweren Traum.

Der Tauben Schwärme kreisen scheu,
Wie trunken, in des Hofes Rund,
Und wieder gellt des Hahnes Schrei,
Auf seiner Streue rückt der Hund,
Und langsam knarrt des Stalles Tür –
Die Uhr schlägt Vier.

Da flammt's im Osten auf, – o Morgenglut!
Sie steigt, sie steigt, und mit dem ersten Strahle
Strömt Wald und Heide vor Gesangesflut,
Das Leben quillt aus schäumendem Pokale,
Es klirrt die Sense, flattert Falkenbrut,
Im nahen Forste schmettern Jagdsignale,
Und wie ein Gletscher sinkt der Träume Land
Zerrinnend in des Horizontes Brand.

MONDESAUFGANG

An des Balkones Gitter lehnte ich
Und wartete, du mildes Licht, auf dich.
Hoch über mir, gleich trübem Eiskristalle,
Zerschmolzen schwamm des Firmamentes Halle;
Der See verschimmerte mit leisem Dehnen,
Zerfloßne Perlen oder Wolkentränen? –
Es rieselte, es dämmerte um mich,
Ich wartete, du mildes Licht, auf dich.

Hoch stand ich, neben mir der Linden Kamm,
Tief unter mir Gezweige, Ast und Stamm;
Im Laube summte der Phalänen Reigen,
Die Feuerfliege sah ich glimmend steigen,
Und Blüten taumelten wie halb entschlafen;
Mir war, als treibe hier ein Herz zum Hafen,
Ein Herz, das übervoll von Glück und Leid
Und Bildern seliger Vergangenheit.

Das Dunkel stieg, die Schatten drangen ein –
Wo weilst du, weilst du denn, mein milder Schein? –
Sie drangen ein, wie sündige Gedanken,
Des Firmamentes Woge schien zu schwanken,
Verzittert war der Feuerfliege Funken,
Längst die Phaläne an den Grund gesunken,
Nur Bergeshäupter standen hart und nah,
Ein finstrer Richterkreis, im Düster da.

Und Zweige zischelten an meinem Fuß
Wie Warnungsflüstern oder Todesgruß;
Ein Summen stieg im weiten Wassertale
Wie Volksgemurmel vor dem Tribunale;
Mir war, als müsse etwas Rechnung geben,
Als stehe zagend ein verlornes Leben,
Als stehe ein verkümmert Herz allein,
Einsam mit seiner Schuld und seiner Pein.

Da auf die Wellen sank ein Silberflor,
Und langsam stiegst du, frommes Licht, empor;
Der Alpen finstre Stirnen strichst du leise,
Und aus den Richtern wurden sanfte Greise,
Der Wellen Zucken ward ein lächelnd Winken,
An jedem Zweige sah ich Tropfen blinken,
Und jeder Tropfen schien ein Kämmerlein,
Drin flimmerte der Heimatlampe Schein.

O, Mond, du bist mir wie ein später Freund,
Der seine Jugend dem Verarmten eint,
Um seine sterbenden Erinnerungen
Des Lebens zarten Widerschein geschlungen,

Bist keine Sonne, die entzückt und blendet,
In Feuerströmen lebt, im Blute endet –
Bist, was dem kranken Sänger sein Gedicht,
Ein fremdes, aber o! ein mildes Licht.

GRÜSSE

Steigt mir in diesem fremden Lande
Die allbekannte Nacht empor,
Klatscht es wie Hufesschlag vom Strande,
Rollt sich die Dämmerung hervor,
Gleich Staubeswolken mir entgegen
Von meinem lieben starken Nord,
Und fühl' ich meine Locken regen
Der Luft geheimnisvolles Wort –

Dann ist es mir, als hör' ich reiten
Und klirren und entgegenziehn
Mein Vaterland von allen Seiten,
Und seine Küsse fühl' ich glühn;
Dann wird des Windes leises Munkeln
Mir zu verworrnen Stimmen bald,
Und jede schwache Form im Dunkeln
Zur tiefvertrautesten Gestalt.

Und meine Arme muß ich strecken,
Muß Küsse, Küsse hauchen aus,
Wie sie die Leiber könnten wecken,
Die modernden, im grünen Haus;
Muß jeden Waldeswipfel grüßen,

Und jede Heid' und jeden Bach,
Und alle Tropfen, die da fließen,
Und jedes Hälmchen, das noch wach.

Du Vaterhaus, mit deinen Türmen,
Vom stillen Weiher eingewiegt,
Wo ich in meines Lebens Stürmen
So oft erlegen und gesiegt: –
Ihr breiten, laubgewölbten Hallen,
Die jung und fröhlich mich gesehn,
Wo ewig meine Seufzer wallen
Und meines Fußes Spuren stehn.

Du feuchter Wind von meinen Heiden,
Der wie verschämte Klage weint,
Du Sonnenstrahl, der so bescheiden
Auf ihre Kräuter niederscheint; –
Ihr Gleise, die mich fortgetragen,
Ihr Augen, die mir nachgeblinkt,
Ihr Herzen, die mir nachgeschlagen,
Ihr Hände, die mir nachgewinkt.

Und Grüße, Grüße, Dach, wo nimmer
Die treuste Seele mein vergißt
Und jetzt bei ihres Lämpchens Schimmer
Für mich den Abendsegen liest,
Wo bei des Hahnes erstem Krähen
Sie matt die graue Wimper streicht
Und einmal noch vor Schlafengehen
An mein verlaßnes Lager schleicht.

Ich möcht' euch alle an mich schließen,
Ich fühl' euch alle um mich her,
Ich möchte mich in euch ergießen,
Gleich siechem Bache in das Meer.
O, wüßtet ihr, wie krank gerötet,
Wie fieberhaft ein Äther brennt,
Wo keine Seele für uns betet
Und keiner unsre Toten kennt!

DOPPELTGÄNGER

Kennst du die Stunden, wo man selig ist
In Schlaf und Wachens wunderlichem Segen?
's war eine Nacht, vom Taue wachgeküßt,
Das Dunkel fühlt' ich kühl wie zarten Regen
An meine Wange gleiten, das Gerüst
Des Vorhangs schien sich schaukelnd zu bewegen –
Rings tiefe Stille, der das Ohr erlag,
Doch mir im Haupt war leises Summen wach.

Mir war so wohl und federleicht zu Mut,
So schwimmend, und die Wimper halb geschlossen;
Verlorne Funken zuckten durch mein Blut,
Von leisen Lauten wähnt' ich mich umflossen;
's war eine Stunde, wo der Zeiger ruht,
Die Geisterstund' verschollner Traumgenossen.
's war eine Nacht, wo man am Morgen fragt:
Hat damals, oder hat es jetzt getagt?

Und immer heller ward der süße Klang,
Das liebe Lachen; es begann zu schwimmen
Wie Bilder von Daguerre die Deck' entlang,
Es wisperte wie jugendliche Stimmen,
Wie halbvergeßner, ungewisser Sang;
Gleich Feuerwürmern sah ich Augen glimmen
Dann wurden feucht sie, wurden blau und lind,
Und mir zu Füßen saß ein schönes Kind.

Das sah zu mir empor, so ernst gespannt,
Als quelle ihm die Seele aus den Blicken,
Bald schloß es, schmerzlich zuckend, seine Hand,
Bald schüttelt' es sie, funkelnd vor Entzücken,
Und horchend, horchend klomm es sacht heran
Zu meiner Schulter – und wo blieb es dann? –

O, wären's Geisterstimmen aus der Luft,
Die sich wie Vogelzwitschern um mich reihten!
Wär' Grabesbrodem nur der leise Duft,
Der mich umseufzte aus verschollnen Zeiten!
Doch nur mein Herz ist ihre stille Gruft,
Und meine Heil'gen, meine einst Geweihten,
Sie leben alle, wandeln allzumal –
Vielleicht zum Segen sich, doch mir zur Qual.

IM GRASE

Süße Ruh', süßer Taumel im Gras,
Von des Krautes Arome umhaucht,
Tiefe Flut, tief tief trunkne Flut,

Wenn die Wolk' am Azure verraucht,
Wenn aufs müde, schwimmende Haupt
Süßes Lachen gaukelt herab,
Liebe Stimme säuselt und träuft
Wie die Lindenblüt' auf ein Grab.

Wenn im Busen die Toten dann,
Jede Leiche sich streckt und regt,
Leise, leise den Odem zieht,
Die geschloßne Wimper bewegt,
Tote Lieb', tote Lust, tote Zeit,
All die Schätze, im Schutt verwühlt,
Sich berühren mit schüchternem Klang
Gleich den Glöckchen, vom Winde umspielt.

Stunden, flüchtger ihr als der Kuß
Eines Strahls auf den trauernden See,
Als des ziehenden Vogels Lied,
Das mir nieder perlt aus der Höh',
Als des schillernden Käfers Blitz,
Wenn den Sonnenpfad er durcheilt,
Als der heiße Druck einer Hand,
Die zum letzten Male verweilt.

Dennoch, Himmel, immer mir nur
Dieses Eine mir: für das Lied
Jedes freien Vogels im Blau
Eine Seele, die mit ihm zieht,
Nur für jeden kärglichen Strahl
Meinen farbig schillernden Saum,
Jeder warmen Hand meinen Druck,
Und für jedes Glück meinen Traum.

SPÄTES ERWACHEN

Wie war mein Dasein abgeschlossen,
Als ich im grün umhegten Haus
Durch Lerchenschlag und Fichtensprossen
Noch träumt' in den Azur hinaus.

Als keinen Blick ich noch erkannte,
Als den des Strahles durchs Gezweig,
Die Felsen meine Brüder nannte,
Schwester mein Spiegelbild im Teich.

Nicht rede ich von jenen Jahren,
Die dämmernd uns die Kindheit beut;
Nein, so verdämmert und zerfahren
War meine ganze Jugendzeit.

Wohl sah ich freundliche Gestalten
Am Horizont vorüberfliehn;
Ich konnte heiße Hände halten
Und heiße Lippen an mich ziehn;

Ich hörte ihres Grußes Pochen,
Ihr leises Wispern um mein Haus
Und sandte schwimmend, halbgebrochen,
Nur einen Seufzer halb hinaus.

Ich fühlte ihres Hauches Fächeln,
Und war doch keine Blume süß;
Ich sah der Liebe Engel lächeln,
Und hatte doch kein Paradies.

Mir war als habe in den Noten
Sich jeder Ton an mich verwirrt,
Sich jede Hand, die mir geboten,
Im Dunkel wunderlich verirrt.

Verschlossen blieb ich, eingeschlossen
In meiner Träume Zauberturm,
Die Blitze waren mir Genossen
Und Liebesstimme mir der Sturm.

Dem Wald ließ ich ein Lied erschallen,
Wie nie vor einem Menschenohr,
Und meine Träne ließ ich fallen,
Die heiße, in den Blumenflor.

Und alle Pfade mußt' ich fragen:
Kennt Vögel ihr und Strahlen auch?
Doch keinen: wohin magst du tragen?
Von welchem Odem schwillt dein Hauch?

Wie ist das anders nun geworden,
Seit ich ins Auge dir geblickt!
Wie ist nun jeder Welle Borden
Ein Menschenbildnis eingedrückt!

Wie fühl' ich allen warmen Händen
Nun ihre leisen Pulse nach,
Und jedem Blick sein scheues Wenden,
Und jeder schweren Brust ihr Ach!

Und alle Pfade möcht' ich fragen:
Wo zieht ihr hin? wo ist das Haus,
In dem lebend'ge Herzen schlagen,
Lebend'ger Odem schwillt hinaus?

Entzünden möcht' ich alle Kerzen
Und rufen jedem müden Sein:
Auf ist mein Paradies im Herzen,
Zieht alle, alle nun hinein!

UNTER DER LINDE

Es war an einem Morgen,
Die Vöglein sangen süß,
Und übern Rasen wallte
Der schönste Blumenvließ.
Das Börnlein mir zur Seite
Sprang leise, leise fort,
Mit halbgeschloßnem Auge
Saß ich und lauschte dort.

Ich sah die Schmetterlinge
Sich jagen durch das Licht,
Und der Libelle Flügel
Mir zittern am Gesicht;
Still saß ich, wie gestorben,
Und ließ mir's wohlig sein,
Und mich mit Blütenflocken
Vom Lindenzweig bestreun.

Mein Sitz war dicht am Wege,
Ich konnte ruhig spähn;
Doch mich, verhüllt vom Strauche,
Mich hat man nicht gesehn;
Wenn knarrend Wagen rollten,
Dann drang zu mir der Staub,
Und wenn die Vöglein hüpften,
Dann zitterte das Laub.

Und nahe mir am Hange
'ne alte Buche stand,
Um die der ernste Eppich
Sich hoch und höher wand.
Sein düstres Grün umrankte
Noch manchen kranken Zweig;
Doch die gesunden spielten
Wie doppelt grün und reich.

Es war im Maienmonde,
Die Blätter atlaszart;
Wie hast du, alter Knabe,
So frisches Herz bewahrt?
Auf einer Seite trauernd
Und auf der andern licht,
Zeigst du auf grauer Säule
Ein Janusangesicht.

Und eines Freundes dacht' ich,
Deß Locken grau und lind,
Ein armes Wrack sein Körper
Und ach, sein Herz ein Kind;

Mich dünkt', ich sah ihn starren
Mit Tränen in ein Grab,
Und seitwärts Blumen streuen
In eine Wieg' hinab.

Da weckten Rinderglocken
Mich aus den Phantasein;
Ein wüster Staubeswirbel
Drang durchs Gebüsch hinein,
Und mit Geschrei und Schelten
Riß Ast und Efeustab
Der Treiberknecht vom Baume
Und trieb sein Vieh bergab.

Ich hörte lang sein Toben
Und seinen wüsten Schrei;
Doch horch, was trabt so neckend,
So drall und knapp herbei?
Das Ränzel auf dem Rücken,
Barett im blonden Haar,
Kam ein Student gepfiffen,
Ein lustiger Scholar.

»O pescator dell' onde!«
Es gellt mir dicht am Ohr;
Nun stand er an der Buche,
Er hob den Arm empor,
Verbrämt sein schlichtes Käpplein
Mit Lindenzweiges Zier,
Und pfeifend trug er weiter
Sein flatterndes Zimier.

Glück auf, mein frischer Junge,
Gott gönn' dir Luft und Raum!
Wie gern die schmucke Flagge
Dir gönnt der heitre Baum;
Er ist kein schlimmer Alter,
Dem in verdorrter Brust
Das Herz vor Ärger zittert
Bei blanker Jugend Lust.

Doch still, was naht sich wieder?
Ein Husten, kurz und hohl,
Es schlürft den Anger nieder, –
Die Schritte kenn' ich wohl!
Es ist der Buche Zwilling,
Mein greiser, siecher Freund,
Auf dessen Haupt so flammend
Die Maiensonne scheint.

Nun stand er an dem Baume,
Lugt' unterm Zelt hinaus,
Wie roch er so behaglich
An seinem Veilchenstrauß.
Nun sucht' er an der Rinde,
Er spähte um und um
Und lachte ganz verstohlen
Und sah verschüchtert um.

Dort fand ich tiefe Risse
Und dachte Frostes Spalt;
Doch wären's Namenszüge
Vermorscht und adamsalt?

Nun schlägt er einen Nagel,
Er hängt sein Kränzchen auf,
Mich dünkt, ich sah erröten
Ihn an die Stirn hinauf.

O, konntest du mich ahnen,
Mein grauer Lysias,
In deinem ganzen Leben
Warst du nicht wieder blaß.
Doch wer dein spotten könnte,
Du Herz voll Kindessinn,
Das wär' gewiß kein Mädchen
Und keine Dichterin.

DER DICHTER

Die ihr beim frohen Mahle lacht,
Euch eure Blumen zieht in Scherben
Und, was an Gold euch zugedacht,
Euch wohlbehaglich laßt vererben,
Ihr starrt dem Dichter ins Gesicht,
Verwundert, daß er Rosen bricht
Von Disteln, aus dem Quell der Augen
Korall' und Perle weiß zu saugen;

Daß er den Blitz herniederlangt,
Um seine Fackel zu entzünden,
Im Wettertoben, wenn euch bangt,
Den rechten Odem weiß zu finden:
Ihr starrt ihn an mit halbem Neid,

Den Geisteskrösus seiner Zeit,
Und wißt es nicht, mit welchen Qualen
Er seine Schätze muß bezahlen.

Wißt nicht, daß ihn, Verdammten gleich,
Nur rinnend Feuer kann ernähren,
Nur der durchstürmten Wolke Reich
Den Lebensodem kann gewähren;
Daß, wo das Haupt ihr sinnend hängt,
Sich blutig ihm die Träne drängt,
Nur in des schärfsten Dornes Spalten
Sich seine Blume kann entfalten.

Meint ihr, das Wetter zünde nicht?
Meint ihr, der Sturm erschüttre nicht?
Meint ihr, die Träne brenne nicht?
Meint ihr, die Dornen stechen nicht?
Ja, eine Lamp' hat er entfacht,
Die nur das Mark ihm sieden macht;
Ja, Perlen fischt er und Juwele,
Die kosten nichts – als seine Seele.

DAS BILD

I.

Sie stehn vor deinem Bild und schauen
In dein verschleiert Augenlicht,
Sie prüfen Lippe, Kinn und Brauen
Und sagen dann: »Du sei'st es nicht;

Zu klar die Stirn, zu voll die Wange,
Zu üppig in der Locken Hange,
Ein lieblich fremdes Angesicht.«

O wüßten sie es, wie ein treues
Gemüt die kleinsten Züge hegt,
Ein Zucken nur, ein flüchtig scheues,
Als Kleinod in die Seele legt;
Wie nur ein Wort, mit gleichem Klange
Gehaucht, dem Feinde selbst das bange,
Bewegte Herz entgegen trägt –

Sie würden besser mich begreifen,
Sehn deiner Locken dunkeln Hag
Sie mich mit leisem Finger streifen,
Als lüft' ich sie dem jungen Tag;
Den Flor mich breiten dicht und dichter,
Daß deiner Augen zarte Lichter
Kein Sonnenstaub verletzen mag.

Was fremd, dahin will ich nicht schauen,
Ich will nicht wissen, wo sie brennt,
Ob an der Lipp', ob an den Brauen,
Die Flamme, die dein Herz nicht kennt;
Ich will nur sehn in deine Augen,
Den einen reinen Blick nur saugen,
Der leise meinen Namen nennt.

Ihn, der wie Äther mich umflossen,
Als in der ernsten Abendzeit
Wir saßen Hand in Hand geschlossen

Und dachten Tod und Ewigkeit;
Ihn, der sich von der Sonne Schwinden
Heilig gewendet, mich zu finden,
Und lächelnd sprach: ich bin bereit.

II.

Und wär' es wahr auch, daß der Jahre Pflug
Dir Furchen in die klare Stirn getrieben,
Nicht so elastisch deiner Lippen Zug
Bezeichne mehr dein Zürnen und dein Lieben,
Wenn dichter auch die Hülle dich umschlingt,
Durch die der Strahl, der gottbeseelte, dringt:
Mir bist die immer Gleiche du geblieben.

Wenn minder stolz und edel die Gestalt,
Ich weiß in ihr die ungebeugte Seele;
Wenn es wie Nebel deinen Blick umwallt,
Ich weiß es, daß die Wolke Gluten hehle;
Und deiner weichen Stimme tiefrer Klang,
Verhallend, geisterhaft wie Wellensang,
Ich fühl' es, daß kein Liebeswort ihm fehle.

O Fluch des Alters, wenn das beßre Teil
Mit ihm dem Gottesbilde müßte weichen!
Wenn minder liebewarm ein Lächeln, weil
Der Kummer ihm gelassen seine Zeichen,
Ein Auge gütig nur, solange leicht
Und anmutsvoll die Träne ihm entschleicht,
Und ros'ge Wangen zücht'ger als die bleichen.

Und dennoch hält sie alle uns betört,
Die Form, die staubgeborne, wandelbare,
Scheint willig uns ein Ohr, das leise hört,
Kühn einer frischen Stimme Siegsfanfare;
Wir alle sehen nur des Pharus Licht,
Die Glut im Erdenschoße sehn wir nicht,
Und keiner denkt der Lampe am Altare.

III.

Ich weiß ein beßres Bild zu finden
Als jenes, das dir ferner weicht,
Wie tiefer deine Wurzeln gründen
Und reifer sich die Ähre neigt;
Ein beßres, als zu dessen Rahmen,
Wenn Jahre schwanden, Jahre kamen, ˙
Man wie sein eigner Schatten schleicht.

Lausch' ich am Strande ob der lauen
Entschlafnen Flut mit scheuer Lust,
Wird unterm Flore dann, dem blauen,
Lebendig mir die ernste Rust,
Ich seh' am Grunde die Korallen,
Ich seh' der Fischlein goldig Wallen –
Und schaue tief in deine Brust.

Und wieder an der Grüfte Bogen
Seh' ich der Mauerflechte Stab
Mit tausend Ranken eingesogen
In des Gesteines Herz hinab,

Von Taue schwer die grünen Locken,
Leuchtwürmer in der Wimper Flocken –
Das ist dein Lieben übers Grab.

Und wenn an der Genesung Bronnen
– Im Saale tafeln Stern und Band –
Sich mittags kranke Bettler sonnen,
Begierig schlürfen überm Rand
Und emsig ihre Schalen schwenken –
Dann muß ich an dein Geben denken,
An deine warme, offne Hand.

O, jener Quell, der glüh und leise,
Ein Sprudel, deiner Brust entquillt,
Der nichts von Flocken weiß und Eise,
Mit Segen seine Steppe füllt,
Ihm kann nur gleichen, wessen Walten
Nie siechen kann und nie veralten,
Und die Natur nur ist dein Bild.

DAS VERLORENE PARADIES

Als noch das Paradies erschlossen war
Dem ersten sündelosen Menschenpaar,
Kein Gift die Viper kannte, keinen Dorn
Der Strauch, der Leu und Tiger keinen Zorn,
Noch fröhlich scholl der Nachtigallen Flöte;
Da schlief an jedem Abend Eva ein
An einem Rosenstrauche, und der Schein
Von ihrer unschuldsvollen Wangenröte

Spielt' lieblich um der Blume lichten Ball;
Denn damals waren weiß die Rosen all
Und dornenlos. – Umnickt vom duft'gen Kranz,
Der überm Haupte führte lichten Tanz,
Ruhte das erste Weib, Gedanken sinnend,
Die, Embryone, schon der Gottheit Siegel
Am Haupte trugen, schon im Keime minnend
Bewegten halberschloßne Seraphsflügel;
Sie lag, den Zweig an ihre Brust gedrückt,
Denn keine Blume wurde noch gepflückt,
Bis leise sich die Wimper niederließ
Und in die Träume schlich das Paradies;
O heilig war das Weib; wer sie gesehn,
Nicht denken hätt' er können, ob sie schön,
Nur daß sie rein wie Tau und Gottes Spiegel.
Die Ros' auch lächelt selig, doch wie lange?
Hüte dich vor der Schlange! –

Am grauen Horizonte murrend stand
Der ersten Donnerwolke düstrer Rand,
Am Rosenstrauche fiel die erste Träne,
Und drüben weint' der Nachtigall Gestöhne.
Wär' dies das Bild von gestern, dieser Leib
Verhüllt in Blätterschutz? Ein arges Weib!
Das Auge kündend ein verbotnes Wissen!
Wie scheint so heiß und hart des Mooses Kissen,
Wie dunsterfüllt des Paradieses Prangen,
Und wie so seltsam brennen ihre Wangen!
Fest hielt den vollen Rosenzweig sie, fest,
Wie der Versinkende die Binse preßt,
Oder sein Lieb ein glüh Verlangen.

Ob sie entschlief? – Wohl endlich hat die Nacht
Ihr Ruhe, bleiernschweren Schlaf gebracht;
Der Regenguß, er hat sie nicht erweckt,
Des Donners Rollen sie nicht aufgeschreckt,
Ihr Haar nur flatterte im Windestosen,
Und ihr am Busen zitterten die Rosen;
Wie eine Leiche lag sie schmerzlich mild,
Zum erstenmal im Schlaf des Todes Bild;
Und als am Morgen sie die Wimper hob
Und zuckend von der Brust die Zweige schob,
Da war all ihrer Wangen lichter Schein
Gezogen in der Blumen Rund hinein,
In glüher Sehnsucht alle aufgegangen,
Zum Kusse öffnend all' den üpp'gen Mund;
Und Eva kniete weinend, ihre Wangen
Entfärbt und ihre Brust von Dornen wund.

AN PHILIPPA

　　Im Osten quillt das junge Licht,
　　Sein goldner Duft spielt auf den Wellen,
　　Und wie ein zartes Traumgesicht
　　Seh' ich ein fernes Segel schwellen;
　　O, könnte ich der Möwe gleich
　　Umkreisen es in lust'gen Ringen,
　　O, wäre mein der Lüfte Reich,
　　Mein junge, lebensfrische Schwingen!

　　Um dich, Philippa, spielt das Licht,
　　Dich hat der Morgenhauch umgeben,

Du bist ein liebes Traumgesicht
Am Horizont von meinem Leben;
Seh' deine Flagge ich so fern
Und träumerisch von Duft umflossen,
Vergessen möcht' ich dann so gern,
Daß sich mein Horizont geschlossen;

Vergessen, daß mein Abend kam,
Mein Licht verzittert Funk' an Funken,
Daß Zeit mir längst die Flagge nahm
Und meine Segel längst gesunken;
Doch können sie nicht jugendlich
Und frisch sich neben deinen breiten,
Philippa, lieben kann ich dich
Und segnend deine Fahrt geleiten.

AM NEUJAHRSTAGE

Das Auge sinkt, die Sinne wollen scheiden:
»Fahr wohl, du altes Jahr mit Freud und Leiden!
Der Himmel schenkt ein neues, wenn er will.«
So neigt der Mensch sein Haupt an Gottes Güte,
Die alte fällt, es keimt die neue Blüte
Aus Eis und Schnee, die Pflanze Gottes, still.

Die Nacht entflieht, der Schlaf den Augenlidern:
»Willkommen, junger Tag mit deinen Brüdern!
Wo bist du denn, du liebes neues Jahr?«
Da steht es in des Morgenlichtes Prangen,
Es hat die ganze Erde rings umfangen,
Und schaut ihm in die Augen ernst und klar.

»Gegrüßt du Menschenherz mit deinen Schwächen,
Du Herz voll Kraft und Reue und Gebrechen,
Ich bringe neue Prüfungszeit vom Herrn!« –
›Gegrüßt du neues Jahr mit deinen Freuden,
Das Leben ist so süß, und wären's Leiden,
Ach, alles nimmt man mit dem Leben gern.‹

»O Menschenherz, wie ist dein Haus zerfallen!
Wie magst du doch, du Erbe jener Hallen,
Wie magst du wohnen in so wüstem Graus?«
›O neues Jahr, ich bin ja nie daheime,
Ein Wandersmann durchzieh' ich ferne Räume,
Es heißt wohl so, es ist doch nicht mein Haus.‹

»O Menschenherz, was hast du denn zu treiben,
Daß du nicht kannst in deiner Heimat bleiben
Und halten sie bereit für deinen Herrn?«
›O neues Jahr, du mußt noch viel erfahren;
Kennst du nicht Krieg und Seuchen und Gefahren?
Und meine liebsten Sorgen wohnen fern.‹

»O Menschenherz, kannst du denn alles zwingen?
Muß dir der Himmel Tau und Regen bringen?
Und öffnet sich die Erde deinem Wort?« –
›Ach nein, ich kann nur sehn und mich betrüben,
Es ist noch leider nach wie vor geblieben
Und geht die angewies'nen Wege fort.‹

»O tückisch Herz, du willst es nur nicht sagen,
Die Welt hat ihre Zelte aufgeschlagen,
Drin labt sie dich mit ihrem Taumelwein.«

›Der bittre Becher mag mich nicht erfreuen,
Sein Schaum heißt Sünde und sein Trank Gereuen,
Zudem läßt mich die Sorge nie allein.‹

»Hör' an, o Herz, ich will es dir verkünden,
Willst du den Pfeil in seinem Fluge binden?
Du siehst sein Ziel nicht, hat er darum keins?« –
›Ich weiß es wohl, uns ist ein Tag bereitet,
Da wird es klar, wie alles wohl geleitet,
Und all die tausend Ziele dennoch eins.‹

O Herz, du bist von Torheit ganz befangen!
Dies alles weißt du, und dir kann noch bangen!
O böser Diener, treulos aller Pflicht!
Ein jeglich Ding füllt seinen Platz mit Ehren,
Geht seinen Weg und läßt sich nimmer stören,
Dein Gleichnis gibt es auf der Erde nicht.

Du hast den Frieden freventlich vertrieben!
Doch Gottes Gnad' ist grundlos wie sein Lieben:
O kehre heim in dein verödet Haus!
Kehr' heim in deine dunkle wüste Zelle,
Und wasche sie mit deinen Tränen helle
Und lüfte sie mit deinen Seufzern aus!

Und willst du treu die Blicke aufwärts wenden,
So wird der Herr sein heilig Bild dir senden,
Daß du es hegst in Glauben und Vertraun.
Dann darf ich einst an deinem Kranze winden,
Und sollte dich das neue Jahr noch finden,
So mög' es in ein Gotteshäuslein schaun!

AM KARFREITAGE

Weinet, weinet, meine Augen,
Rinnt nur lieber gar zu Tränen!
Ach, der Tag will euch nicht taugen,
Und die Sonne will euch höhnen!
Seine Augen sind geschlossen,
Seiner Augen süßes Scheinen;
Weinet, weinet, unverdrossen,
Könnt doch nie genugsam weinen!

Als die Sonne das vernommen,
Hat sie eine Trauerhülle
Um ihr klares Aug' genommen,
Ihre Tränen fallen stille.
Und ich will noch Freude saugen
Aus der Welt, der hellen, schönen?
Weinet, weinet, meine Augen,
Rinnt nur lieber gar zu Tränen!

Still, Gesang und alle Klänge,
Die das Herze fröhlich machen!
»Kreuz'ge, kreuz'ge«, brüllt die Menge,
Und die Pharisäer lachen.
Jesu mein, in deinen Schmerzen
Kränkt dich ihre Schuld vor allen;
Ach, wie ging es dir zu Herzen,
Daß so viele mußten fallen!

Und die Vöglein arm, die kleinen,
Sind so ganz und gar erschrocken,

Daß sie lieber möchten weinen,
Wären nicht die Äuglein trocken,
Sitzen traurig in den Zweigen,
Und kein Laut will rings erklingen.
Herz, die armen Vöglein schweigen,
Und du mußt den Schmerz erzwingen!

Weg mit goldenen Pokalen,
Süßem Wein vom edlen Stamme!
Ach, ihn sengt in seinen Qualen
Noch des Durstes heiße Flamme,
Daß er laut vor Schmerz muß klagen,
Erd' und Himmel muß erbleichen,
Da die Henkersknecht' es wagen
Gall' und Essig ihm zu reichen.

Weiche Polster, seidne Kissen,
Kann mir noch nach euch verlangen,
Da mein Herr so gar zerrissen
Muß am harten Kreuze hangen?
O wie habt ihr ihn getroffen,
Dorn und Nagel, Rut' und Spieße!
Doch das Schuldbuch liegt ja offen,
Daß sein heilig Blut es schließe.

In der Erde alle Toten
Fahren auf wie mit Entsetzen,
Da sie mit dem heil'gen roten
Blute sich beginnt zu netzen;
Können nicht mehr ruhn, die Toten,
Wo sein köstlich Blut geflossen;

Viel zu heilig ist der Boden,
Der so teuren Trank genossen.

Er, der Herr in allen Dingen,
Muß die eigne Macht besiegen,
Daß er mit dem Tod kann ringen
Und dem Tode unterliegen.
Gänzlich muß den Kelch er trinken,
Menschenkind, kannst du's ertragen?
Seine süßen Augen sinken,
Und sein Herz hört auf zu schlagen.

Als nun Jesu Herz tut brechen,
Bricht die Erd' in ihren Gründen,
Bricht das Meer in seinen Flächen,
Bricht die Höll' in ihren Schlünden;
Und der Felsen harte Herzen
Brechen all mit lautem Knalle:
Ob in Wonne, ob in Schmerzen?
Bricht's der Rettung, bricht's dem Falle?

Und für wen ist denn gerungen
In den qualenvollen Stunden,
Und der heil'ge Leib durchdrungen
Mit den gnadenvollen Wunden?
Herz, mein Herz, kannst du nicht springen
Mit den Felsen und der Erde,
Nur, daß ich mit blut'gen Ringen
Neu an ihn gefesselt werde!

Hast du denn so viel gegeben,
Herr, für meine arme Seele,
Ist ihr ewig, ewig Leben
Dir so wert trotz Schuld und Fehle:
Ach, so laß sie nicht gefunden
Sein, um tiefer zu vergehen!
Laß sie deine heil'gen Wunden
Nicht dereinst mit Schrecken sehen!

AM KARSAMSTAGE

Tiefes, ödes Schweigen,
Die ganze Erd' wie tot!
Die Lerchen ohne Lieder steigen,
Die Sonne ohne Morgenrot.
Auf die Welt sich legt
Der Himmel matt und schwer,
Starr und unbewegt
Wie ein gefrornes Meer.
O Herr, erhalt' uns!

Meereswogen brechen,
Sie toben sonder Schall;
Nur die Menschenkinder sprechen,
Doch schaurig schweigt der Widerhall.
Wie versteinet steht
Der Äther um uns her,
Dringt wohl kein Gebet
Durch ihn zum Himmel mehr.
O Herr, erhalt' uns!

Sünden sind geschehen,
Für jedes Wort zu groß,
Daß die Erde müßt' vergehen,
Trüg' sie nicht Jesu Leib im Schoß.
Noch im Tod voll Huld
Erhält sein Leib die Welt,
Daß in ihrer Schuld
Sie nicht zu Staub zerfällt.
O Herr, verschon' uns!

Jesus liegt im Grabe,
Im Grabe liegt mein Gott!
Was ich von Gedanken habe,
Ist doch dagegen nur ein Spott.
Kennt in Ewigkeit
Kein Jesus mehr die Welt?
Keiner, der verzeiht,
Und keiner, der erhält?
O Herr, errett' uns!

Ach, auf jene Frommen,
Die seines Heils geharrt,
Ist die Glorie gekommen
Mit seiner süßen Gegenwart.
Harrten seiner Huld,
Vergangenheit die Zeit,
Gegenwart Geduld,
Zukunft die Ewigkeit.
O Herr, erlös' uns!

Lange, lange Zeiten
In Glauben und Vertraun
Durch die unbekannten Weiten
Nach unbekanntem Heil sie schaun;
Dachten sich so viel,
Viel Seligkeit und Pracht;
Ach es war wie Spiel,
Von Kindern ausgedacht!
O Herr, befrei' uns!

Herr, ich kann nicht sprechen
Vor deinem Angesicht,
Laß die ganze Schöpfung brechen,
Diesen Tag erträgt sie nicht!
Ach, was naht so schwer?
Ist es die ew'ge Nacht?
Ist's ein Sonnenmeer
In tausend Strahlenpracht?
O Herr, erhalt' uns!

PFINGSTSONNTAG

Still war der Tag, die Sonne stand
So klar an unbefleckten Domeshallen;
Die Luft, wie Orientes Brand,
Wie ausgedörrt, ließ matt die Flügel fallen.
Ein Häuflein sieh, so Mann als Greis,
Auch Frauen, knieend; keine Worte hallen,
Sie beten leis!

Wo bleibt der Tröster, treuer Hort,
Den scheidend doch verheißen du den Deinen?
Nicht zagen sie, steht fest dein Wort,
Doch bang und trübe muß die Zeit uns scheinen.
Die Stunde schleicht! schon vierzig Tag
Und Nächte harrten wir in stillem Weinen
Und sahn dir nach.

Wo bleibt er nur, wo? Stund' an Stund',
Minute will sich reihen an Minuten.
Wo bleibt er denn? Und schweigt der Mund,
Die Seele spricht es unter leisem Bluten.
Der Wirbel stäubt, der Tiger ächzt
Und wälzt sich keuchend durch die sand'gen Fluten,
Die Schlange lechzt.

Da, horch, ein Säuseln hebt sich leicht!
Es schwillt und schwillt und steigt zu Sturmes Rauschen.
Die Gräser stehen ungebeugt;
Die Palme starr und staunend scheint zu lauschen.
Was zittert durch die fromme Schar,
Was läßt sie bang' und glühe Blicke tauschen?
Schaut auf! Nehmt wahr!

Er ist's, er ist's; die Flamme zuckt
Ob jedem Haupt, welch wunderbares Kreisen,
Was durch die Adern quillt und ruckt!
Die Zukunft bricht; es öffnen sich die Schleusen,
Und unaufhaltsam strömt das Wort
Bald Heroldsruf und bald im flehend leisen
Geflüster fort.

O Licht, o Tröster, bist du, ach,
Nur jener Zeit, nur jener Schar verkündet?
Nicht uns, nicht überall, wo wach
Und Trostes bar sich eine Seele findet?
Ich schmachte in der schwülen Nacht;
O leuchte, eh das Auge ganz erblindet!
Es weint und wacht.

AM DREIZEHNTEN SONNTAGE NACH PFINGSTEN

Vom Tauben und Stummen. »Und er legte seine Finger in die
Ohren desselben und rührte seine Zunge an, sah gen Himmel, seufzte
und sprach: Ephephata, das ist: tu dich auf, und alsbald waren seine
Ohren geöffnet und das Band seiner Zunge gelöst, und er redete
recht.«

Rühr' meine Zunge an,
Du kannst sie lösen;
Brich meines Ohres Bann,
Ich mag genesen!
Nein, nicht verloren bin ich, milder Gott,
Ob eingezwängt, ob meines Feindes Spott;
Dich ruf' ich, Herr, bekämpfe du den Bösen!

Gebrochen hat er mir
Der Nerven Fäden;
Nur durch der Augen Tür
Gehn ein die Reden,
Wenn fassend frommer Mienen Gotteslust
Das Herz sich wenden möchte in der Brust,
Ausbluten möchten die verborgnen Schäden.

So bin ich gänzlich doch
Nicht aufgegeben,
Solang mir irgend noch
Sich regt das Leben,
Und wär' es nur, wie in des Irren Stirn
Zuckt leise auf das schlummernde Gehirn:
Es lebt, es atmet, möchte sich erheben.

Nur Worte, Worte sind
Mir nicht Verwandte:
Wie abwärts prallt der Wind
Von Berges Kante,
So prallt, was andre rührt und andre schreckt,
Von jener Rinde, die mein Hirn bedeckt,
Und die ich einstens Wacht und Mauer nannte.

Nicht immer ist es gleich;
Zuweilen schleichen
Sich aus der Töne Reich
Gewalt'ge Zeichen,
Wie eine Träne sich zum Herzen drängt,
Wie Bergeskluft den fernen Donner fängt:
O dann vor Freude fühl' ich mich erbleichen!

Nein, meine Lippe kann
Es aus nicht sprechen,
Wie aus der Tiefe dann
Die Tränen brechen.
Nein, was so fremd sich in die Seele flößt,
Das hat noch nicht der Zunge Band gelöst,
Rinnt unverstanden nur in warmen Bächen.

O lege, starker Hort,
Die gnäd'gen Hände
An meines Ohres Port!
O aufwärts wende
Um mich auch deiner Blicke friedreich Flehn
Und sprich »Ephephata«, dann ist's geschehn:
Ich bin erlöst, der Fluch, er hat ein Ende.

AM VIERZEHNTEN SONNTAGE NACH PFINGSTEN

Vom Samaritaner. »Welcher von diesen Dreien dünket dich
der Nächste dessen, der unter die Mörder fiel, gewesen zu sein?
Jener sprach: Der, so ihm Barmherzigkeit erzeigte. Und Jesus
sprach zu ihm: Geh hin und tue desgleichen.«

Wer ist es, der mir nahe steht?
Wen muß ich meinen Bruder nennen?
Wem meine liebste Gabe gönnen
Und reichen, eh er noch gefleht?
O laß auf meine Stirne träufen,
Du Starker, deiner Weisheit Tau!
Laß mich den rechten Stein ergreifen
Zu deines Tempels ew'gem Bau!

Er, den getragen gleicher Schoß,
Und der an gleicher Brust gesogen,
Ihm bin ich willenlos gewogen:
Nichts reißt des Blutes Fäden los;
Auch wer den gleichen Odem zieht,
An gleichen Bodens Quell getrunken:

Für ihn schon hat Natur den Funken
In jedem Busen angeglüht.

So der in selben Glaubens Band
Am selbigen Altare knieet,
Und wo mich gleiche Richtung ziehet,
Sei's an Gemüt, sei's an Verstand:
Sie alle sind mir wie gegeben
In meines eignen Herdes Hut,
Sind Fasern all von meinem Leben,
Sind Tropfen all von meinem Blut.

Doch wenn in heimatfremder Luft
Sucht ängstlich ein bekümmert Wesen
Der kalten Züge Schrift zu lesen,
Wo niemand seinen Namen ruft:
Dann nahe dich und woll' es nennen
Mit jedem Liebesworte nur,
Dann magst die Fackel du entbrennen,
Die nicht entzündete Natur.

Und wenn an deines Tempels Tor
Steht einer einsam, ausgeschlossen,
Des Tränen doch vor Gott geflossen,
Des Seufzer doch erreicht sein Ohr:
Dem magst du deine Hände reichen
Und deuten aufwärts nach dem Blau:
Die Sterne werden nicht erbleichen,
Nur reicher sinken wird der Tau.

Und dann, wenn sich gen einen regt
Dir ein gewaltsam Widerstreben,
Weil andre Weise ihm gegeben,
Als dir der Himmel zugelegt;
Wenn Fehl mit dumpfem Sinn im Bunde
Zertreten will der Liebe Saat:
Reich' ihm die Hand, dies ist die Stunde,
Wo das Gebot sich prüfend naht!

Ja selbst an des Verruchten Blick,
Der Erd' und Himmel möchte höhnen,
Mußt du in Milde dich gewöhnen,
Darfst schaudern, aber nicht zurück.
O kannst du ihn in Jesu Christ
Umschweben, spähend seine Wunden,
Dann erst hast du den Stein gefunden,
Dann weißt du, wer dein Nächster ist.

AM ZWANZIGSTEN SONNTAGE NACH PFINGSTEN

Vom Gichtbrüchigen. »Und da Jesus ihren Glauben sah, sprach er
zu dem Gelähmten: Sei getrost, mein Sohn, deine Sünden werden
dir vergeben. – Und da Jesus ihre Gedanken sah, sprach er:
Warum denket ihr Böses in eurem Herzen? Was ist leichter zu sagen:
›Deine Sünden werden dir vergeben!‹ oder: ›Steh' auf und wandle!‹
Damit ihr aber sehet, daß des Menschen Sohn Macht hat im
Himmel und auf Erden die Sünden zu vergeben, so sprach er zu dem
Gelähmten: ›Steh auf, mein Sohn, nimm dein Bett und geh in
dein Haus.‹«

Wenn Tau auf reifen Ähren glänzt,
Die satten Körner schwellen nicht,
Und wenn den Toten man bekränzt,
Die starren Pulse zucken nicht;
Wenn über Trümmer geht das Licht,
Nicht eine Säule wird ergänzt:
Und dennoch, schau!
Dünkt süße Gabe Licht und Kranz und Tau.

So nimmer Reue mag erbaun,
Was einmal Schuld gebrochen hat,
Und dennoch Gottes Engel schaun
Mitleidig auf die wüste Statt:
So ragt auch wohl ein grünes Blatt
Durch eines Kerkergitters Graun
Zu dem Gefangnen, und
Er lächelt, seine Seele wird gesund.

O könnte alle Sünde nur
Wie überm Ast der Mistel stehn,
Der wurzellos durch die Natur
Sich selber blühn darf und vergehn!
Doch wie am dürren Baume sehn
Man wird des Schlinggewächses Spur,
So ein Vampir
Dorrt sie die Seele und den Körper dir.

Wer frischt dir deinen Glauben auf,
Versengt an ihrem Odem heiß?
Wer bringt dir der Gedanken Lauf
Zurück ins fromm beschränkte Gleis?
Und deiner Menschenkenntnis Eis,
Den starren Strom, wer löst ihn auf,
Den wahren Fluß,
Der Himmel stets und Hölle scheiden muß?

Und was dein Körper büßte ein
In nagender Gefühle Joch,
Das bleibt nun für dies Leben dein,
Und nach dem Drüben greift es noch;
Und wie an einem Haare doch
Wirst immer du gehalten sein,
Wenn frischer Geist
In frischem Körper wie ein Adler kreist.

Sprach doch der allertreuste Mund:
Vergeben leicht und Heilen schwer!
Das ist der Sünde alter Bund,
Die zehrend wie Gomorrhas Meer

Ertötet alle Frucht umher;
Und dennoch kann das Mark gesund
Und himmelwärts
Kann treiben seinen Zweig des Baumes Herz.

O nur Ergebung, nur Geduld,
Zu tragen meiner Narben Schmach,
Um, was gebrochen meine Schuld,
Zu trauern still und reuig nach!
Auch über mir steht ja das Dach
Des Himmels und der Sonne Huld,
Und ach, der Tau,
Er fällt ja auch auf meine heiße Brau!

Nicht wirst du, Herr, mich wandeln gehn,
Nicht heißen heben mich die Hand;
Doch eine Säule darf ich stehn,
Ein Zeichen an dem öden Strand,
Und hoffen, daß, wenn Sonnenbrand
Die morschen Trümmer ließ vergehn,
An jenem Tag
Dein Strahl die Stäubchen aufwärts ziehen mag.

AM ALLERHEILIGENTAGE

»Selig sind die Armen im Geiste, denn ihnen ist das Himmelreich.
Selig sind die Sanftmütigen, denn sie werden das Erdreich besitzen.
Selig sind die Trauernden, denn sie werden getröstet werden.
Selig sind, die hungern und dursten nach der Gerechtigkeit, denn sie
werden ersättigt werden. Selig sind die Barmherzigen, denn sie
werden Barmherzigkeit erlangen. Selig sind die reinen Herzens sind,
denn sie werden Gott anschauen. Selig sind die Friedfertigen, denn
sie werden Gottes Kinder heißen. Selig sind, die Verfolgung leiden um
der Gerechtigkeit willen, denn ihnen ist das Himmelreich.«

Selig sind im Geist die Armen,
Die zu ihres Nächsten Füßen
Gern an seinem Licht erwarmen
Und mit Dienerwort ihn grüßen,
Fremden Fehles sich erbarmen,
Fremden Glückes überfließen:
Ja, zu ihres Nächsten Füßen
Selig, selig sind die Armen.

Selig sind der Sanftmut Kinder,
Denen Zürnen wird zum Lächeln
Und der Milde Saat nicht minder
Sprießt aus Dorn und scharfen Hecheln,
Deren letztes Wort ein linder
Liebeshauch in Todesröcheln,
Wenn das Zucken wird zum Lächeln:
Selig sind der Sanftmut Kinder.

Selig sind, die Trauer tragen
Und ihr Brot mit Tränen tränken,
Über eigne Sünde klagen
Und der fremden nicht gedenken,
An den eignen Busen schlagen,
Fremder Schuld die Blicke senken:
Die ihr Brot mit Tränen tränken,
Selig sind, die Trauer tragen.

Selig, wen der Durst ergriffen
Nach dem Rechten, nach dem Guten,
Mutig, ob auf morschen Schiffen,
Mutig steuernd nach den Fluten,
Sollte unter Strand und Riffen
Auch das Leben sich verbluten:
Nach dem Rechten, nach dem Guten,
Selig, wen der Durst ergriffen.

Die Barmherzigen sind selig,
So nur auf die Wunde sehen,
Nicht erpressend kalt und wählig,
Wie der Schaden mocht' entstehen,
Leise, schonend und allmählich
Lassen drein den Balsam gehen:
So nur nach der Wunde sehen,
Die Barmherzigen sind selig.

Überselig reine Herzen,
Unbefleckter Jungfraun Sinnen,
Denen Kindeslust das Scherzen,
Denen Himmelshauch das Minnen,

Die wie an Altares Kerzen
Zündeten ihr klar Beginnen:
Unbefleckter Jungfraun Sinnen,
Selig, selig reine Herzen.

Und des Friedens fromme Wächter
Selig, an den Schranken waltend
Und, der Einigkeit Verfechter,
Hoch die weiße Fahne haltend,
Mild und fest gen den Verächter,
Wie der Daun die Klinge spaltend:
Selig, an den Schranken waltend,
Selig sind des Friedens Wächter.

Die um dich Verfolgung leiden,
Höchster Feldherr, deine Scharen
Selig, wenn sie alles meiden,
Um dein Banner sich zu wahren!
Mag es nie von ihnen scheiden,
Nicht in Lust noch in Gefahren!
Selig, selig deine Scharen,
Selig, die Verfolgung leiden!

Und so muß ich selig nennen
Alle, denen fremd mein Treiben,
Muß, indes die Wunden brennen,
Fremden Glückes Herold bleiben.
Wird denn nichts von dir mich trennen,
Wildes, saftlos morsches Treiben?
Muß ich selber mich zerreiben?
Wird mich keiner selig nennen?

AM ALLERSEELENTAGE

»Es kömmt die Stunde, in welcher alle, die in den Gräbern sind,
die Stimme des Sohnes Gottes hören werden, und es werden
hervorgehen, die Gutes getan haben, zur Auferstehung des Lebens,
die aber Böses getan haben, zur Auferstehung des Gerichts.«

Die Stunde kömmt, wo Tote gehn,
Wo längst vermorschte Augen sehn.
O Stunde, Stunde, größte aller Stunden,
Du bist bei mir und läßt mich nicht,
Ich bin bei dir in strenger Pflicht,
Dir atm' ich auf, dir bluten meine Wunden!

Entsetzlich bist du, und doch wert;
Ja meine ganze Seele kehrt
Zu dir sich in des Lebens Nacht und Irren,
Mein fest Asyl, mein Herzgeblüt,
Zu dem die zähe Hoffnung flieht,
Wenn Angst und Grübeln wie Gespenster irren.

Wüßt' ich es nicht, daß du gewiß
In jener Räume Finsternis
Liegst schlummernd wie ein Embryo verborgen,
Dann möcht' ich schaudernd mein Gesicht
Verbergen vor der Sonne Licht,
Vergehn wie Regenlache vor dem Morgen.

Verkennung nicht treibt mich zu dir,
Mild ist die strengste Stimme mir,
Nimmt meine Heller und gibt Millionen;

Nein, wo mir Unrecht je geschehn,
Da ward mir wohl, da fühlt' ich wehn
Dein leises Atmen durch der Zeit Äonen.

Doch Liebe, Ehre treibt mich fort
Zu dir als meinem letzten Port,
Wo klar mein Grabesinnre wird erscheinen.
Dann auf der rechten Wage mag
Sich türmen meine Schuld und Schmach
Und zitternd nahn mein Kämpfen und mein Weinen.

Vor dir ich sollte Trostes bar
Vergehen wie ein Schatten gar,
Doch anders ist es, ohne mein Verschulden:
Zu dir als zu dem höchsten Glück
Wie unbeweglich starrt der Blick,
Und kaum, kaum mag die Zögerung ich dulden.

Doch da sich einmal Hoffnung regt,
So wird die Hand, die sie gelegt
In dieses Busens fabelgleichen Boden,
Sie wird den Keim, der willenlos
Und keinem Übermut entsproß,
Nicht wie ein Unkraut aus dem Grunde roden.

Wenn kömmt die Zeit, wenn niederfällt
Der Flitter, den gelegt die Welt,
Talent und Glück, ums hagere Gerippe:
Da steht der Bettler, schaut ihn an!
Dann ist die Zeit, um Gnade dann
Darf zitternd flehen des Verarmten Lippe.

Dann macht nicht schamrot mich ein Tand:
Es hat gestellt die rechte Hand
Mich tief und ärmlich, wie ich es verdienet;
Dann trifft mich wie ein Dolchstoß nicht
Hinfort ein Aug' voll Liebeslicht:
Ich bin erniedriget und bin gesühnet.

AM VIERUNDZWANZIGSTEN SONNTAGE
NACH PFINGSTEN (23sten NACH DREIFALTIGKEIT)

Vom Zinsgroschen. »Sage uns also, was deucht dich? ist es erlaubt,
dem Kaiser Zins zu geben, oder nicht? – Ihr Heuchler, was versucht
ihr mich? – Gebt dem Kaiser, was des Kaisers ist, und Gott, was
Gottes ist.«

Gebt Gott sein Recht und gebt's dem Kaiser auch!
Sein Odem ist's, der um den Obern schwebet;
Um Hochmut nicht, um Eigenwillen hebet
Nicht eure Rechte gen geweihten Brauch.
Doch Gott und Welt im Streit: da, Brüder, gebet
Nicht mehr auf Kaiserwort als Dunst und Rauch.
Er ist der Oberste, dem alle Macht
Zusammenbricht, wie dürres Reisig kracht.

Den Eltern gib und gib auch Gott sein Recht!
O weh des Tiefgesunknen, dem verloren
Der frömmste Trieb, jedwedem angeboren,
Den Freisten stempelnd zum beglückten Knecht.
Doch stell' den Wächter an der Ehrfurcht Toren
Und halte das Gewissen rein und echt;

Er ist der Vater, dem du Seel' und Leib
Verschuldest, mehr als irgend Mann und Weib.

Den Gatten lieb' und denk an Gott dabei!
Er gab den Segen dir, als am Altare
Den Eid du sprachst, gewaltig bis zur Bahre,
In Fesseln legend deine Lieb' und Treu.
Doch wird die Liebe Torheit, o dann wahre,
O halte deine tiefsten Gluten frei!
Er ist es, dem du einer Flamme Zoll
Mußt zahlen, die kein Mensch empfangen soll.

An deine Kinder hänge nur dein Herz,
In deren Adern rollt dein eignes Leben;
Das Gottesbild, in deine Hand gegeben,
Es nicht zu lieben, wäre herber Schmerz.
Doch siehst du zwischen Glück und Schuld es schweben,
Wend' deine Augen, stoß es niederwärts;
Er, über tausend Kinder lieb und hehr,
Er sieht dir nach, ist deine Seele schwer.

Und auch dem Freunde halte Treue fest,
Mit der die Ehre innig sich verbunden,
Ein irdisch Gut, was Gnade doch gefunden,
Solang es nicht die Hand der Tugend läßt.
Doch nahen glänzender Versuchung Stunden,
Dann aller Erdenrücksicht gib den Rest
Und klammre an den einen dich, der jetzt
Dir Freund und Ehre tausendfach ersetzt.

So biete jedem, was sein Recht begehrt,
Und nimm von jedem, was du darfst empfangen;
Dein Herz, es mag an zarten Banden hangen,
Die Gottes Huld so gnadenvoll gewährt;
Doch drüber wie ein Glutstern das Verlangen
Nach einem leuchte, irdisch unversehrt,
Nach einem, ohne den dein Herz so warm
Ewig verlassen bliebe doch und arm.

AM VIERTEN SONNTAGE IM ADVENT

Vom Zeugnisse Johannes. Johannes 1. »Sie fragten, wer bist du?
Und er bekannte und leugnete nicht: ich bin eine Stimme des
Rufenden in der Wüste – ich taufe euch mit Wasser, aber er steht
mitten unter euch, den ihr nicht kennt.«

Fragst du mich, wer ich bin? Ich berg' es nicht:
Ein Wesen bin ich sonder Farb' und Licht.
Schau' mich nicht an, dann wendet sich dein Sinn;
Doch höre, höre, höre! denn ich bin
Des Rufers in der Wüste Stimme.

In Nächten voller Pein kam mir das Wort
Von ihm, der Balsam sät an Sumpfes Bord,
Im Skorpion der Heilung Öl gelegt,
Dem auch der wilde Dorn die Rose trägt,
Das faule Holz entzündet sein Geglimme.

So senke deine Augen und vernimm
Von seinem Herold deines Herren Grimm,

Und seine Gnade sei dir auch bekannt,
Der Wunde Heil, so wie der schwarze Brand,
Wenn seiner Wunden Bluten hemmt der Schlimme.

Merk auf! Ich weiß es, daß in härtster Brust
Doch schlummert das Gewissen unbewußt;
Merk auf, wenn es erwacht, und seinen Schrei
Ersticke nicht, wie Mütter sonder Treu
Des Bastards Wimmern und sein matt Gekrümme!

Ich weiß es auch, daß in der ganzen Welt
Dem Feinde die Altäre sind gestellt,
Daß mancher kniet demütig nicht gebeugt,
Und überm Sumpfe engelgleich und leicht
Der weiße Lotos wie ein Kindlein schwimme.

Es tobt des tollen Strudels Ungestüm,
Und zitternd fliehen wir das Ungetüm;
Still liegt der Sumpf und lauert wie ein Dieb:
Wir pflücken Blumen, und es ist uns lieb
Zu schaun des Irrlichts tanzendes Geflimme.

Drum nicht vor dem Verruchten sei gewarnt;
Doch wenn dich süßer Unschuld Schein umgarnt,
Dann lächelt der Vampir, dann fahr zurück
Und senke tief, o tief in dich den Blick,
Ob leise quellend die Verwesung klimme!

Ja, wo dein Aug' sich schaudernd wenden mag,
Da bist du sicher mindstens diesen Tag;
Doch gift'ger öfters ist ein Druck der Hand,

Die weiche Träne und der stille Brand,
Den Lorbeer treibend aus Vulkanes Grimme.

Ich bin ein Hauch nur; achtet nicht wie Tand
Mein schwaches Wenn, um des, der mich gesandt:
Erwacht, erwacht! Ihr steht in seinem Reich;
Denn sehet, er ist mitten unter euch,
Den ihr verkennt, und ich bin seine Stimme!

AM LETZTEN TAGE DES JAHRES (SILVESTER)

Das Jahr geht um,
Der Faden rollt sich sausend ab.
Ein Stündchen noch, das letzte heut,
Und stäubend rieselt in sein Grab,
Was einstens war lebend'ge Zeit.
Ich harre stumm.

's ist tiefe Nacht!
Ob wohl ein Auge offen noch?
In diesen Mauern rüttelt dein
Verrinnen, Zeit! Mir schaudert; doch
Es will die letzte Stunde sein
Einsam durchwacht,

Gesehen all,
Was ich begangen und gedacht.
Was mir aus Haupt und Herzen stieg,
Das steht nun eine ernste Wacht
Am Himmelstor. O halber Sieg!
O schwerer Fall!

Wie reißt der Wind
Am Fensterkreuze! Ja es will
Auf Sturmesfittichen das Jahr
Zerstäuben, nicht ein Schatten still
Verhauchen unterm Sternenklar.
Du Sündenkind,

War nicht ein hohl
Und heimlich Sausen jeden Tag
In deiner wüsten Brust Verließ,
Wo langsam Stein an Stein zerbrach,
Wenn es den kalten Odem stieß
Vom starren Pol?

Mein Lämpchen will
Verlöschen, und begierig saugt
Der Docht den letzten Tropfen Öl.
Ist so mein Leben auch verraucht?
Eröffnet sich des Grabes Höhl'
Mir schwarz und still

Wohl in dem Kreis,
Den dieses Jahres Lauf umzieht?
Mein Leben bricht, ich wußt' es lang!
Und dennoch hat dies Herz geglüht
In eitler Leidenschaften Drang!
Mir brüht der Schweiß

Der tiefsten Angst
Auf Stirn und Hand. – Wie dämmert feucht
Ein Stern dort durch die Wolken nicht!

Wär' es der Liebe Stern vielleicht,
Dir zürnend mit dem trüben Licht,
Daß du so bangst?

Horch, welch Gesumm?
Und wieder? Sterbemelodie!
Die Glocke regt den ehrnen Mund.
O Herr, ich falle auf das Knie:
Sei gnädig meiner letzten Stund'!
Das Jahr ist um!

BEIM ERWACHEN IN DER NACHT

Mein Gott, mein erstes Wort, ich bin erwacht!
Fern ist der Tag mit seinem Flammenschilde,
Und wie ein schwarzer Rauch bedeckt die Nacht
Zwar leicht, doch dicht ein jegliches Gebilde.
Fern ist der Mond, der Wächter der Natur,
Und keine Sterne seh' ich freudig glühen;
Vielleicht bedeckt ein Nebelsee die Flur,
Vielleicht auch mögen dunkle Wolken ziehen.

Stumm ist die Nacht, doch ist sie tatenschwer,
Und Gottes Wunder wird von ihr geboren;
Sie sendet uns im Tau die Ernte her,
Sie ist das Füllhorn, das sich Gott erkoren.
Indes der Mensch dem Leibe zahlt die Schuld
Und nicht vermag an seinen Gott zu denken,
Will ihm der Herr, o übergroße Huld,
Mit milder Hand ein neues Leben schenken.

Doch wie als Friedensengel nicht allein,
Auch als der Tod das Heil uns kommt hernieder,
So flammt in ihr des Blitzes roter Schein,
Und Stürme ziehn durch ihre schwarzen Glieder.
Der Hagel schlägt die Saat, die Welle steigt,
Und heimlich frißt ihr Zahn am sichern Damme;
Der Meltau trifft die Frucht, daß sie erbleicht,
Und furchtbar wächst die unbemerkte Flamme.

Wer weiß, was diese Nacht für mich verhüllt,
Wie nötig Stärke mir am frühen Morgen,
Ob mir nicht wird mein Leidenskelch gefüllt,
Ob zehnfach nicht verdoppelt meine Sorgen?
Ich kann noch viel verlieren in der Welt;
Ich hab' Geschwister, Mann und liebe Kinder
Und Ehr' und Gut: wenn dir es, Herr, gefällt,
Nimm alles hin, ich liebe dich nicht minder!

Was du verhängt, es ist nur dir bekannt,
Ich weiß es nicht und sorg' es nicht zu wissen;
Um eins nur bitt' ich, daß in deiner Hand
Ich demutsvoll die Rute möge küssen.
Gib, daß ich nicht in Unmut sinken mag,
Ob auch des Körpers morsch Gebäude wanke,
Daß ich dich lobe bei dem harten Schlag
Und daß ich dir im tiefsten Elend danke.

Ich wünsche nichts; mein Gott, ich stell' es dir
Anheim in deine väterliche Güte:
Allein die Meinen segne für und für;
Schick deinen Engel, daß er sie behüte.

Zwar such' ich mutig sie nach Menschenkraft,
So Geist als Leib, zu ihrem Heil zu führen;
Wohl nützt dem Körper, was der Körper schafft,
Doch ihre Seele kann nur Gott regieren.

Gib ihnen Licht, wo es noch finster ist,
Gib ihnen Kraft, wo schon ein Strahl entglommen,
Gib ihnen Trübsal, wenn ihr Herz vergißt,
Ihr eitles Herz, woher das Glück gekommen.
Doch wenn das Leiden sie zum Mißmut drückt,
Gib ihnen Freude, daß sie dich erkennen;
Gib ihnen Trost, wenn einst ihr Leben knickt,
Und laß sie sterbend deinen Namen nennen.

In Jesu Schutz, nach Jesu Will' und Wort,
In Jesu Namen schließ' ich meine Augen.
Die Nacht geht ihre stillen Wege fort;
Was kommt, das muß zu Gottes Ratschluß taugen.
Erblick' ich lebend und gesund den Tag,
So will ich deinen heil'gen Namen preisen;
Doch ob der Tod sein Anteil fordern mag,
In Jesu Wunden läßt sich's sicher reisen.

NACH DEM ANGELUS SILESIUS

Des Menschen Seele du, vor allem wunderbar,
Du Alles und auch Nichts, Gott, Priester und Altar,
Kein Pünktchen durch dich selbst, doch über alles Maß
Reich in geschenktem Gut, und als die Engel baß;
Denn höher steht dein Ziel, Gott ähnlich sollst du werden;

So, Seele, bist du's schon; denn was zu Glück und Ruhm
In dir verborgen liegt, es ist dein Eigentum,
Ob unentwickelt auch, wie's Keimlein in der Erden
Nicht minder als der Baum, und wie als Million
Nichts andres ist die Eins, bist du *ihm* gleich, sein Sohn,
So wie dem Tropfen Blut, der aus der Wunde quillt
Ganz ähnlich ist das Rot, das noch die Adern füllt;
Nicht Kletten trägt die Ros', der Dornstrauch keine Reben,
Drum, Seele, stürbest du, Gott müßt' den Geist aufgeben.

Ja, Alles ist in dir, was nur das Weltall beut,
Der Himmel und die Höll', Gericht und Ewigkeit,
Gott ist dein Richter nicht, du mußt dir selbst verzeihn,
Sonst an des Höchsten Thron stehst du in ew'ger Pein;
Er, der dem Suchenden noch nie verlöscht die Spur,
Er hat selbst Satan nicht verdammt nach Zeit und Ort;
Des unergründlich Grab ist seine Ichheit nur:
Wär' er des Himmels Herr, er brennte ewig fort,
Wie Gott im Höllenpfuhl wär' selig für und für,
Und, Seele, bist du treu, so steht dies auch bei dir.

Also ist seine Macht auch heute schon dein eigen,
Du kannst, so oft du willst, die Himmelsleiter steigen;
Ort, Raum, sind Worte nur, von Trägheit ausgedacht,
Die nicht Bedürfnis in dein Wörterbuch gebracht,
Dein Aug' ist Blitz und Nu, dein Flug bedarf nicht Zeit,
Und im Moment ergreifst du Gott und Ewigkeit;
Allein der Sinne Schrift, die mußt du dunkel nennen,
Da dir das Werkzeug fehlt, die Lettern zu erkennen;
Nur Geist'ges faßt der Geist; ihm ist der Leib zu schwer,
Du schmeckst, du fühlst, du riechst, und weißt um gar nichts
                                                    mehr;

Hat nicht vom Tröpfchen Tau die Eigenschaft zu messen
Jahrtausende der Mensch vergebens sich vermessen?
Drum, plagt dich Irdisches, du hast es selbst bestellt,
Viel näher als dein Kleid ist dir die Geisterwelt!

Faßt's nicht zuweilen dich, als müßtest in der Tat
Du über dich hinaus, das Ganze zu durchdringen,
Wie jener Philosoph um einen Punkt nur bat,
Um dann der Erde Ball aus seiner Bahn zu schwingen?
Fühlst du in Demut so, in Liebesflammen rein,
Dann ist's der Schöpfung Mark, laß dir nicht leide sein!
Dann fühlst du dich von Gott als Wesenheit begründet,
Wie Quelle an dem Strand, wo Ozean sich ründet.

So sei denn freudig, Geist, da Nichts mag größer sein,
So wirf dich in den Staub, da Nichts wie du so klein!
Du Würmchen in dir selbst, doch reich durch Gottes Hort,
So schlummre, schlummre nur, mein Seelchen, schlummre fort!
Was rennst, was mühst du dich zu mehren deine Tat?
Halt nur den Acker rein, dann sprießt von selbst die Saat;
In Ruhe wohnt die Kraft, du mußt nur ruhig sein,
Durch offne Tür und Tor die Gnade lassen ein;
Dann wird aus lockerm Grund dir Myrt' und Balsam steigen,
Er kommt, er kommt, dein Lieb, gibt sich der Braut zu eigen,
Mit sich der Krone Glanz, mit sich der Schlösser Pracht,
Um die sie nicht gefreit, an die sie nicht gedacht!

GETHSEMANE

Als Christus lag im Hain Gethsemane
Auf seinem Antlitz mit geschlossnen Augen, –
Die Lüfte schienen Seufzer nur zu saugen,
Und eine Quelle murmelte ihr Weh,
Des Mondes blasse Scheibe widerscheinend, –
Da war die Stunde, wo ein Engel weinend
Von Gottes Throne ward herabgesandt,
Den bittern Leidenskelch in seiner Hand.

Und vor dem Heiland stieg das Kreuz empor;
Daran sah seinen eignen Leib er hangen,
Zerrissen, ausgespannt; wie Stricke drangen
Die Sehnen an den Gliedern ihm hervor.
Die Nägel sah er ragen und die Krone
Auf seinem Haupte, wo an jedem Dorn
Ein Blutestropfen hing, und wie im Zorn
Murrte der Donner mit verhaltnem Tone.
Ein Tröpfeln hört' er, und am Stamme leis
Herniederglitt ein Wimmern qualverloren.
Da seufzte Christus, und aus allen Poren
Drang ihm der Schweiß.

Und dunkel ward die Luft, im grauen Meer
Schwamm eine tote Sonne, kaum zu schauen
War noch des dorngekrönten Hauptes Grauen,
Im Todeskampfe schwankend hin und her.
Am Kreuzesfuße lagen drei Gestalten;
Er sah sie grau wie Nebelwolken liegen,
Er hörte ihres schweren Odems Fliegen,

Von Zittern rauschen ihrer Kleider Falten.
O welch ein Lieben war wie seines heiß?
Er kannte sie, er hat sie wohl erkannt,
Das Menschenherz in seiner Brust gebrannt,
Und stärker quoll der Schweiß.

Die Sonnenleiche schwand – nur schwarzer Rauch,
Und drin versunken Kreuz und Seufzerhauch;
Ein Schweigen, grausiger als Sturmes Toben,
Schwamm durch des Raumes sternenleere Gassen;
Kein Lebenshauch auf weiter Erde mehr,
Ringsum ein Krater, ausgebrannt und leer,
Und eine hohle Stimme rief von oben:
»Mein Gott, mein Gott, wie hast du mich verlassen!«
Da faßten den Erlöser Todeswehn,
Da weinte Christus mit gebrochnem Mut,
Da ward sein Schweiß zu Blut
Und zitternd quoll es aus des Dulders Munde;
»Herr, ist es möglich, so laß diese Stunde
An mir vorübergehn!«

Ein Blitz durchfuhr die Nacht: In Lichte schwamm
Das Kreuz, erstrahlend mit den Marterzeichen,
Und Millionen Hände sah er reichen,
Sich angstvoll klammernd an des Kreuzes Stamm,
O Händ' und Händchen aus den fernsten Zonen!
Und um die Krone schwebten Millionen
Noch ungeborner Seelen, Funken gleichend;
Ein leiser Nebelrauch, dem Grund entschleichend,
Drang aus den Gräbern der Verstorbnen Flehn.
Da hob sich Christus in der Liebe Fülle,

Und: »Vater, Vater«, rief er, »nicht mein Wille,
Der deine mag geschehn!«
Still schwamm der Mond im Blau; ein Lilienstengel
Stand vor dem Heiland im betauten Grün;
Und aus dem Lilienkelche trat der Engel
Und stärkte ihn.

DER DICHTER

Das All der Welten unendlich umkreist
Im schwebenden Fluge mein unsteter Geist;
Wo führst du mich hin, du gewaltige Macht,
Durch Räume voll Dunkel, durch Weiten der Nacht?

Ich führe dich hin, daß du schauest das Licht,
Wohl ahnet's dein Busen, doch kennt er es nicht;
Ich führe dich hin durch die Räume der Nacht,
Daß du schauest die Wahrheit in leuchtender Pracht.

Von leuchtendem Glanz ist ihr Thron rings umhellt,
Doch fern nur ein Schimmer erreichet die Welt,
Dran labt sich das kleinliche Menschengeschlecht,
Es heißt die Vernunft ihm, es heißt ihm das Recht.

Doch freut es sich g'nüglich, nicht ahnend, daß hell
Dem Tropfen auch strudle ein strahlender Quell;
Ein engendes Band hüllt die Sinnen ihm ein,
Und Sonnenlicht wähnt es den kärglichen Schein.

Doch regt sich zuweilen lichtdürstend ein Geist,
Die engenden Bande der Sinne zerreißt
Er mächtig, durchdringet im Fluge die Nacht,
Es schwindet der Nebel, er schauet die Pracht.

Begierig dann schlürft er den Strahlenduft ein
Und reget die Schwingen und senkt sich hinein,
Berauscht sich in Gluten und badet voll Lust
Im Meere voll Lichtes die glühende Brust.

Doch darf er nicht weilen; die Erde, sie zieht
Ihn mächtig zurück in ihr kleinlich Gebiet;
Und kehrt er nun wieder, im Busen so warm,
Wie scheint ihm dann alles so kärglich, so arm!

Ihm träufelt das Licht von den Fitt'chen, ihm glüht
Das Feuer vom Auge; verachtend er sieht,
Wie stolz sich das Volk bläht beim ärmlichen Schein,
Und hüllt in errungene Klarheit sich ein.

Die Erde, sie hat ihn verloren, er lebt
In süßer Erinnrung, die hold ihn umschwebt,
Daß außen verwirrt und befremdet er schaut,
Doch drinnen da ist er so innig vertraut.

Drum nennet ihn seltsam und töricht die Welt,
Und sieht nicht den Glanz, der ihn freudig umhellt;
Er höret es lächelnd, kein Tadel ihn drückt,
Er ist ja im Innern so glühend beglückt.

Dem Tode schaut er ins blasse Gesicht,
Er ist ihm ein Bote, er führt ihn zum Licht;
Sein Geist schwingt sich frei in die Welten hinaus;
Sie grüßt er bekannt, wie sein heimisches Haus.

DIE VERBANNTEN

Ich lag an Bergeshang,
Der Tag war schon gesunken,
In meine Wimper drang
Des Westen letzter Funken.
Ich schlief und träumte auch vielleicht,
Doch hört' ich noch der Amsel Pfeifen,
Wie Echos letzte Hauche, feucht
Und halb verlöscht, am Schilfe streifen.

Mein äußres Auge sank,
Mein innres ward erschlossen:
Wie wild die Klippenbank!
Wie grau die Moose sprossen!
Der Öde Odem zog so schwer,
Als ob er siecher Brust entgleite;
Wohin ich blickte, Rohres Speer,
Und Dorngestrüpp und Waldesweite.

Im Grase knistert' es,
Als ob die Grille hüpfte,
Im Strauche flüstert' es,
Als ob das Mäuslein schlüpfte;
Ein morscher, halbverdorrter Stamm

Senkte die bräunliche Gardine,
Zu Füßen mir der feuchte Schwamm
Und überm Haupt die wilde Biene.

Da raschelt' es im Laub,
Und rieselte vom Hange,
Zertretnen Pilzes Staub
Flog über meine Wange.
Und neben mir ein Knabe stand,
Ein blondes Kind mit Taubenblicken,
Das eines blinden Greises Hand
Schien brünstig an den Mund zu drücken.

Von linder Tränen Lauf
Sein Auge glänzte trübe,
»Steh auf«, sprach es, »steh auf!
Ich bin die Kindesliebe,
Verbannt, zum wüsten Wald verbannt,
Ins öde Dickicht ausgesetzet,
Wo an des sumpf'gen Weihers Rand
Der Storch die kranken Eltern ätzet!«

Dann faltete es hoch
Die hagern Händchen beide,
Und sachte abwärts bog
Es des Geröhres Schneide.
Ich sah, wie blut'ge Striemen leis
An seinen Ärmchen niederflossen,
Wie tappend ihm gefolgt der Greis,
Bis sich des Rohres Wand geschlossen.

Ich ballte meine Hand,
Versuchte mich zu schwingen,
Doch fester, fester wand
Der Taumel seine Schlingen.
Und wieder hörte ich den Schlag
Der Amsel und der Grille Hüpfen,
Und wieder durch den wilden Hag
Der Biene sterbend Sumsen schlüpfen.

Da schleift' es, schwer wie Blei,
Da flüstert' es aufs neue:
»O wache! steh mir bei!
Ich bin die Gattentreue.«
Das Auge hob ich, und ein Weib
Sah ich wie halbgebrochen bücken,
Das eines Mannes wunden Leib
Mühselig trug auf seinem Rücken.

Ein feuchter Schleier, hing
Ihr Haar am Antlitz nieder,
Des Schweißes Perle fing
Sich in der Wimper wieder.
»Verbannt! verbannt zum wilden Wald,
Wo Nacht und Öde mich umschauern!
Verbannt, wo in der Felsen Spalt
Die Tauben um den Tauber trauern!«

Sie sah mich lange an,
Im Auge Sterbeklagen,
Und langsam hat sie dann
Den Wunden fortgetragen.

Sie klomm den Klippensteig entlang,
Ihr Ächzen scholl vom Steine nieder,
Wo grade unterm Schieferhang
Sich regte bläuliches Gefieder.

Ich dehnte mich mit Macht
Und langte nach dem Wunden,
Doch als ich halb erwacht,
Da war auch er verschwunden,
Zerronnen wie ein Wellenschaum; –
Ich hörte nur der Wipfel Stöhnen
Und unter mir, an Weihers Saum,
Der Unken zart Geläute tönen.

Die Glöckchen schliefen ein,
Es schwoll der Kronen Rauschen,
Ein Licht wie Mondenschein
Begann am Ast zu lauschen,
Und lauter raschelte der Wald,
Die Zweige schienen sich zu breiten,
Und eine dämmernde Gestalt
Sah ich durch seine Hallen gleiten.

Das Kreuz in ihrer Hand,
Um ihre Stirn die Binde,
Ihr langer Schleier wand
Und rollte sich im Winde.
Sie trat so sacht behutsam vor,
Als ob sie jedes Kräutlein schone;
O Gott, da sah ich unterm Flor –
Sah eine blut'ge Dornenkrone!

Die Fraue weinte nicht
Und hat auch nicht gesprochen,
Allein ihr Angesicht
Hat mir das Herz gebrochen;
Es war wie einer Königin
Pilgernd für ihres Volkes Sünden;
Wo find' ich Worte, wo den Sinn,
Um diesen Dulderblick zu künden!

Als sie vorüber schwand
Mit ihren blut'gen Haaren,
Da riß des Schlummers Band,
Ich bin emporgefahren.
Der Amsel Stimme war verstummt,
Die Mondenscheibe stand am Hügel,
Und über mir im Aste summt'
Und raschelte des Windes Flügel.

Ob es ein Traumgesicht,
Das meinen Geist umflossen?
Vielleicht ein Seherlicht,
Das ihm geheim erschlossen?
O wer, der eine Trän' im Aug',
Den fromme Liebe je getragen,
Wer wird nicht, mit dem letzten Hauch,
Die heiligen Verbannten klagen!

ALPHABETISCHES VERZEICHNIS DER GEDICHT-ANFÄNGE UND ÜBERSCHRIFTEN

INHALT